BuddhAll

All is Buddha.

BuddhAll.

BuddhAll

BuddhAll

# 藏密甯瑪派

# 禪修密意

談錫永　主編、釋

馮偉強、楊杰　譯

此書為甯瑪派教授禪修之文獻，及歷代祖師之口耳教授，
今闡釋其密意，希能引導學佛行人得入禪定。
讀者依此方便道作聞思修，方能入正道。

# 目　錄

# 自序

談錫永

　　學習佛學，必須懂得佛的密意，因為一切佛經都只是佛的言說，這些言說，還必須依據世間一切現象與思維而說，故說此皆為表達密意的工具，所以釋迦牟尼才會說，他未曾說過一本佛經，那就是說，若依言說來讀經，那就不是釋迦之所說，學人必須通過言說來知佛的密意，然後才能說是讀經。

　　關於佛的密意，筆者已有多本著作，選出一些佛所說的經、論師所造的論，來闡釋每部佛典中所含的密意。但是卻未有著作來闡釋密意的觀修，這是一個缺憾。筆者本來想用《月燈三昧經》（即《三摩地王經》）來說密意觀修，但感覺經文篇幅太大，讀者未必有興趣全文精細閱讀，而且筆者年事已高，加上多年來患上眼疾，角膜退化，已不便著述大部頭的著作，所以事情便耽延下來。

　　近年，弟子馮偉強譯出了一些敦珠法王無畏智金剛的短論，皆說禪修；弟子楊杰亦譯出了一些不敗尊者等祖師的短論，所說亦與禪修有關，由是筆者便想到將這些文章集合，用筆者自己禪修的心得來作註釋，點出禪修的密意，如是結集成書，即應可補充缺憾而成圓滿，如是即是本書的作意。

　　現代修密乘者多在家居士，他們比較缺乏上師的身教，亦比較難得上師的口訣，所以在觀修時往往不知密意，只能依儀軌而作，那便流為事相的執着。更且，有些宣傳灌頂的廣

告,過分強調本尊的功德,例如說:求財必須灌五方財神;求讀書的智慧必須灌文殊師利;求消災必須灌觀音菩薩等等,雖然上師的教授未必如此,但學人已將事相成為先入之見,那就更容易於觀修時唯依言說而不知密意,這樣一來,觀修的功能便減低了。希望本書能對他們作出幫助。

本書的編選,開頭有筆者一篇〈「寂止」與「勝觀」簡易修習〉,是為未受過止觀教授的學人而說,令其依此篇入門,如果受過上師教授修止觀的學人,可以對此忽略,仍依上師教授而作。

書的上篇分為三部:初,所說為禪修的心要,此中實為論者及歷代祖師的心血;次,說觀修忿怒尊的禪修心要,因為觀修忿怒尊即是觀修本性,可以看作是對說禪修的延續,學人能依此而直指心性,有情的心性即是如來的本性;復次,說閉關法,僅得敦珠法王所說的閉關法一篇,指示學人如何在閉關中禪修而證本覺。這三部份聯結起來,已盡說密乘行人的禪修次第與精髓。

書的下篇,可以說是對上篇所說的一些要點作詳說,此中〈甯瑪派說「阿賴耶」〉一文,為楊杰所造,他參考了很多文獻,說明阿賴耶與阿賴耶識的區別,這正是密意禪修中的要點,因為各派所傳,有說阿賴耶融入法性,有說阿賴耶識融入法性,如是不同,學人必須了知。通過這篇文章,無論師傳如何,亦能對此加以理解。〈大圓滿心性休息大車疏節譯〉一文,為龍青巴尊者所造,詳細分析阿賴耶及阿賴耶所起的功能,故對學人觀修甚為有益,尤其是對未入「且卻」(立斷)及「妥噶」(頓超)的學人更為便利,令其易入「且卻」及

「妥噶」之門，故應有大多數學人可由此得修持便利。

　　筆者這樣的編輯思維，雖未能十分圓滿，但考慮到本書讀者未必人人都是上根利器，亦未必人人都有高次第的觀修經驗，所以通俗來說，亦應可以說為圓滿。

　　善妙增長

# 篇外：「寂止」與「勝觀」簡易修習

# 篇外：
# 「寂止」與「勝觀」簡易修習

談錫永　造

　　本書所收錄的觀修止觀文獻，實在是甯瑪派歷代祖師的心血，其中收集最多的，是近代法王敦珠無畏智金剛的文獻，他之所說，比前代文獻通俗了一些，可能更適合現代人受教。

　　筆者本文不敢與祖師文獻相比，所說僅為修止觀行人的入門，方便讀者，能由此入門觀修法，得而理解書中所說的殊勝修習法，因此只能列為「篇外」。

## 甲一、「寂止」的簡易修習
### 乙一、前言

　　本文是專為未曾修習過止觀的讀者而寫，即使修習過止觀，也可以將自己之所學，與本文所說的止觀修法融合。依一般情況來說，必須具有本文所說的止觀基礎，讀本書才容易理解、容易得益。

　　觀修止觀，可以分為外、內、密、密密四種加行法，本文所介紹的可歸入外加行。外加行法門，只能說是觀修如來藏的前行，用法異門的名言來說，可以說是觀修大圓滿道的前行、觀修兩種菩提心雙運的前行，甚至可以說是觀修深

般若波羅蜜多的前行。但是，卻未進入究竟，亦即，未能現證如來藏的境界。因此，這外加行法門的基、道、果，便可以如是演繹 ——

基，以緣生性為基；道，以唯識為道；果，以覺知一切法如何自顯現為果，亦即以緣生性為果。基與果相同，是可說為「果地修」。

這樣來建立基、道、果，那便是以觀修外顯現為道，由是契入內識，這便是以「唯識無境」為道。所以這裡說的止觀，必須契合唯識來理解。近代有些中觀宗的學人，否定唯識，說唯識與中觀二者不能融和，那是完全依着宗義言說來理解唯識與中觀，在觀修道上，假如一入手便否定唯識，那便不能通過實修來入道，只能依言說和宗義來鋪排出一條觀修的路（甚至連觀修的路都無法鋪排），那並非釋迦之所說。釋迦在三轉法輪說如來藏時，同時演說唯識，那便因為必須以唯識為道來入手，然後次第依唯識來觀修，這樣才能超越唯識，次第觀修如來藏、次第悟入如來藏，如是才能入究竟等持境界（禪宗的破牢關境界），由是便可以知道了解唯識道、觀修唯識道的重要性。香港近年出了一位唯識大師羅時憲教授，他的著作與及其入室弟子李潤生居士的著作，都值得有意學觀修的人參考。

至於中觀方面，不能誤解龍樹的說法，將「緣生性空」理解為「因為緣生，所以性空」，龍樹說「緣生」，是因為法界中一切諸法，都必須藉緣生而成顯現，但卻不能說，凡緣生法都無自性，無自性便是空性。我們只能說，一切法無自性而顯現，是緣生性，絕對不能因為一切法具緣生性，便將之說為空性。關於空性，便應該依據三轉法輪時所

說的空性來理解，是為超越緣起性而成立空性，關於這些話題，說來話長，不能於本文細說，讀者可以參考拙著《勝鬘師子吼經密意》。

綜合來說，本文所說的止觀，即是以唯識為道的觀修，由是入緣起性。依仗這些觀修，未能現證空性（如來本性），這其實亦是外加行的局限。

## 乙二、預備法

- 首先，安適地坐著，最好是能夠結七支座。如果不能雙膝盤結「雙跏趺」，那麼，只盤一腿的「單跏趺」也可以。甚至，只屈著膝盖，將雙腳交叉放在胯下的「散盤」亦無不可。

  假如連散盤都覺得有困難，那麼，最遷就的姿勢便是坐在一張硬椅子上，腰脊保持垂直，兩隻腳板要平穩地放在地面，不可一隻腳輕，一隻腳重。

  近來有些人說，隨便坐着，甚至隨便躺下，都可以修止觀，因為止觀只是一個境界，這個說法似乎甚為高明，其實誤人不淺。閒悠悠地來修止觀，亦必須結座，例如菩薩座、仙人座等。你看寺廟中睡佛的姿態，便可以知道佛連躺睡都須要結座，不結座，觀修的境界即無法生起。

- 調和呼吸。

  當覺得呼吸柔和而暢順時，便開始做「制息」加行。

• 制息的方法——

首先，慢慢地吸氣，觀想光明（最好是白色或藍色光明，受過本尊灌頂的可以觀想本尊光明）隨著氣息入到臍下小腹（臍輪）。

然後，當感覺到小腹充氣的同時，輕輕提緊肛門，讓氣停留在小腹——正確地來說，則是停留在臍輪，它的位置是在臍下四隻手指寬度的位置。

接着，住氣在臍輪的時間不必太長。住氣時，觀想全身充滿光明，以臍輪為中心，光明同時向上向下瀰漫。

最後，慢慢地呼氣。呼氣時觀想光明充滿全身，將自己的一切污垢化成黑氣，同時呼出。

這些黑氣是自己的惡劣習氣，而這些習氣則由不正當的行為、語言與思想造成。

（將以上四個過程重複幾次。）

上來的預備法，主要是建立心行相的顯現，來配合本然的顯現（吸氣、住氣、呼氣），從而制止心識的妄動。當依法修習時，因為心無妄動，眼耳鼻舌身意等分別識，因為要跟呼吸配合，所以便受到限制，如是分別心識即能平定。因為平定，就可以正式進入修習。

## 乙三、修習

• 將一塊鵝卵石放在適當的位置（也不限定是鵝卵石，任何不反光的物件均可）。

- 雙眼垂簾，調節眼的焦點，很隨意地，雙目望向這塊鵝卵石。

- 自然地呼吸。

  可是當覺得精神再不能集中時，便須要注視呼吸。每一吸氣都到小腹，同時吸入光明；每一呼氣，同時呼出黑氣。

  也可以用聲音來幫助精神集中；例如在呼氣時唱誦「阿」，或者單音唸出一個「阿」，也可以有節奏地唱出一連串「阿」字。當吸氣時則不唱誦，可是卻須默想著一串「阿」音，化為光明，吸入身內。

  （這樣做三幾次，就能令精神集中。如果這樣做你覺得舒服，便可以將此當成是修習「意守」的內容。）

- 至少意守十五分鐘，讓自己覺得心意已經穩定下來，而且心間充滿光明。這光明不是一團呆滯的光，而是閃耀的光輝。

修習的原理，跟上來的預備法相同，因為分別的心識受制才可以專一意守，這時候，可以決定為「唯識無境」，因為心行相由觀想而成，當然沒有本體，這些心行相由心識建立，觀察外境的心行相亦由心識建立，二者相同，由是即成「唯識無境」的決定。

## 乙四、下座

- 緩緩地起座，同時注視自己的呼吸。

- 保持著心間堅穩而生動的光明。

- 進入生活的同時，小心維護著心光明不失。如果光明變得暗淡，那麼就著意吸氣時同時吸入光明。

以上是一個很簡單的修習，目的是讓完全未學過止觀的人，能有一個入門的門徑。能這樣開始修習，頂多一個月，就容易進入「寂止」的境界。

# 甲二、「勝觀」的簡易修習
## 乙一、前言

如果把寂止看成是制心，那麼，勝觀便是由觀察而對心性認知。

一切法由心識分別而成顯現，凡夫將顯現作實，將成顯現的一切法視為實有，既由寂止的觀修，知道「唯識無境」（一切法不能因顯現而成實有，其顯現，只是分別心識中的「相分」，被分別心識中的「見分」所持。詳細的說法，須參考唯識文獻，此處未能詳說）。依此道理來觀察心性，即能認知心性，其所認知即是勝觀所得果，所以勝觀亦須依唯識來修道，此時，若不以唯識為道，一無是處。

有些排斥唯識的中觀學人，應知中觀所說的只是見地，見地只能建立觀修時的抉擇與決定[1]，行人不能依見地而修，若唯依見地而不知唯識，很難認知心性，所以華嚴宗都要建立「一切法由心造」，這才不是唯說空性的中觀家。

---

1　有關抉擇與決定，本書於下來另有詳說。

依下來所說，觀修者必須知道，觀修之所得不是種種觀修現象，其實要得知心性的本然。依此修習，雖非究竟，但已得到了知本然的入門，或者說已能開始悟入心性的本然，若能了知，便能現證如來藏、深般若波羅蜜多、不二法門。

## 乙二、預備法

- 安座與制息，同「寂止」修習。

- 然後唱誦「阿」音。

- 這時，想像自己是在一個廣大的虛空中安坐，虛空湛藍，連一絲浮雲都沒有。

  眼前的景象當然不會消失，可是，這些事物無非只如以虛空為背景的自然顯現。一如浮雲、霞光、彩虹等顯現。只須觀想到藍色的虛空背景澄明，事物的自顯現便不成為修習的障礙。有如虛空晴明，雲霞等便不成為觀察虛空的障礙。

- 上來的觀想穩定之後，試著將虛空向十方放大，所謂十方，那就等於是一個球形。

  這時行者所觀想的境界應該是這樣：一團藍色的光蘊，廣大無邊，自己則安座在光蘊的中心（眼前的事物依然任它存在）。

預備法的觀修，是依釋迦的比喻。釋迦說，唯有虛空才能比喻如來法身，因為一切有情心中都有如來法身本住，所以必須建立虛空來觀修，才能通達一切有情的本然心性，

是即為「本來面目」。

## 乙三、修習

- 觀想自己心間有一水晶明點，向上微微開裂，成為光的出口（這便是「悲智脈」）。

  這水晶粒像胡椒粒那麼大小，它是無盡的光源，通透、澄澈、光輝、閃耀。

- 悲智脈放出兩道微細的白光，有如「光纖」，繞過耳後直通雙目，稱為「白柔脈光」。

- 雙目垂簾，調節雙眼焦點，輕盈地集中視力於眉心，觀想略前於眉心處的空間，有白光生起（白光不是貼着眉心來生起）。

- 穩住視線，持心無動，無所注視而注視，放任自然。

- 又忽然緊持心識，尤其須明觀悲智脈與白柔脈光。——如是忽鬆忽緊而修，鬆則無所注視，緊則注視脈光。

- 於鬆緊之際，體會心識變化。鬆時如何？緊時如何？鬆緊交替的間隙又如何？

  如是由心的功能來認識心的本性。亦即依心行相的變異，來認識心行相的動靜。動靜交替，其實動靜一如，如是而成萬象。一如六祖說風幡之動，不是風動，不是幡動，只是行者心動。

- 上來修習可反覆而修，直至生起證量，能體會心性的動靜與變異時，即知已能認識心性，這便是「勝觀」的開始。久久練習至純熟，即可隨時作觀。

　　能認識心性，須先能認識動靜一如，甯瑪派有一個口訣說：「靜為動之基，動為靜之變」，所以一切心行相的動靜，都只是心性的動、靜、異，如是覓心，通俗來說，便可說為觀察心的來、住、去。

## 乙四、下座

- 下座前，返回虛空的境界，稍作等持。
- 生起悲智脈與白柔脈光。再由眉心前之白光生起一切境界，此際彷彿夢醒。
- 將脈光融化入心輪，緩緩下座。儘量保持覺受。
- 將日常生活景象視為空性基上的自顯現（即有如螢光幕中的現象），亦可說為有如虛空中出現的雲霞、煙霧、彩虹。

　　這樣簡易的修習，其實已能令行者依次第觀察心識，從而認識心性，修行到這地步，境界其實已不低下，因為已能令行者認識本來面目。甯瑪派的教法與禪宗本無二致，所以甯瑪派說禪宗為「大密宗」，其間的分別，只是甯瑪派的祖師能建立捷道（方便道），令行人比較容易得觀修果。例如上來所說即是捷道，所以看起來，便跟禪宗的不專修光明有差別。

# 甲三、總結

甯瑪派祖師無垢友尊者,有一篇〈頓入無分別修習義〉,其中有說及何謂「寂止」、何謂「勝觀」,茲引錄如下作為總結 ——

> 凡欲速得一切智者,當修無分別等持。實則云何?寂止與勝觀也。
>
> 不住於相者,寂止之等持;隨一不離相者,勝觀之等持。
>
> 不生相者,寂止;不滅相者,勝觀。
>
> 實際者,寂止;不墮實際者,勝觀。
>
> 譬如往高山之巔而觀,明見一切,於此二等持內,顯現一切等持。住於此二者,如居大寶琉璃屋中之人,明見內外一切。如是能成見一切實際,彼即佛也。
>
> 准《入楞伽經》云:「如見物為實,彼人不見佛;不住分別心,亦不能見佛。不見有諸行,如是名為佛;若能如是見,彼人見如來。智者如是觀,一切諸境界;轉身得妙身,是即佛菩提。」
>
> 准《無垢稱經》(即《維摩詰經》)云:「無分別與無所得者,即菩提。」是故當修此無分別等持。

後學無畏金剛談錫永,於2020年,歲次庚子七月修訂畢。吉祥,吉祥,願吉祥!

上篇

# 上 篇

## 一、禪修心要

### 敦珠甯波車說禪修
### 1979年5月說於倫敦大圓滿鄔金法林

敦珠法王無畏智金剛　造
再傳弟子大韋馮偉強　譯
弟子無畏金剛談錫永　釋

**【釋】** 此為敦珠法王無畏智金剛於1979年講授禪修時
之筆錄。法王說得非常通俗，但其實在這些通
俗的言說背後，實蘊藏了甚深法義。在這裡，
不想將這些甚深法義詳說，如果詳說，便令得
解說與講授的精簡不相稱，反正這些甚深法義
會在以後的論文中次第表達，因此讀者不能預
期在本講授的註釋中，得到全部藏密甯瑪派禪
修的教法。對甚深教法，本講授只是「觸及」，
亦未要求讀者「通達」。

觀修法，非常困難，但從另一方面來說，卻十分容
易，因為只是修心。

**【釋】** 全部甯瑪派的觀修法，雖然可以分為外、內、

密、密密四加行法門，但總的來說，只是修心。記得當年初得法王面授時，法王也說：觀修只是修心。不過他接着說：聽起來，修心這個名相很簡單，但其實已包含了很多法門，或者說很多法異門。例如深般若波羅蜜多、不二法門、菩提心、大圓滿、如來藏等等。

　　行者只須覓心及守護其心，當心念起時，心不隨着念頭來轉動，斷除計着、斷除名言概念，讓你的心在本然狀態中安住。由身心一如來引發自在心。

【釋】　在這裡，是用通俗的語言來說明修心的甚深道。法王將修心歸納為「覓心」，及「守護其心」。具體的修法未有詳說，只說是「引發自在心」。關於「引發」，有許多法異門。蓮華生大士的「念修四支」、無垢友尊者的「四次第」，都是最重要的法門，要理解這些法門，應依龍青巴尊者的《實相寶藏論釋》（*sDe gsum snying po don 'grel gNas lugs rin po che'i mdzod ces bya ba'i 'grel pa*）。

在這「論釋」中，說言：「心界要門心要究竟義，無有平等圓成及唯一。」筆者在〈諸宗般若差別〉一文中說：此中「無有」，即諸法空性；「平等」，即無分別；「圓成」，即無所得；「唯一」即佛內自證智（即「自然智」）。可以說所有法異門的建立，都不離此四次第。

（此文收《大圓滿直指教授密意》附錄，台北：全佛文化 2016）。

法王說的「覓心」，是「勝觀」，這是觀修寂止之後之所為。

　　甚麼是心自在的境界？那就好像一個人剛剛完成勞苦的工作，他頓時就得到滿足的安樂，更無所作，只是休息。自然地，他的心便會處於平靜的狀態。此時，他的心便住於自在，斷除了慣性的妄念與突如其來的妄念，不受其縛。

【釋】　於此，法王只說「心自在」的境界，用觀修的名言來說，便是「無作」。離一切作意，不作意於所修的法，亦不作意於自己是修法的人，更不作意於修法所得果，便是無作。在《六金剛句》中說道：「是於止觀境，住無作而現。」這便是以「無作」為道。讀者可以參考筆者的〈六金剛句說略〉（見同上揭書）。無作即能自在，若有作意，行者的心便受縛於所作的意。

　　有如此例，你即使在種種念頭動盪時，亦應嘗試守護自心。身靜、語默，不去思維應該這樣做，不應該那樣做，只讓心住於安逸自在，這時，無所追求，亦無妄想。你只會覺得自己住於一個生機周遍而空的狀態（釋者按：這狀態，在下來文獻中稱為「現空」），這狀態光輝明淨深自在。這安樂的境界，顯示你的心已趨入本明，而且自然安住其中。

**【釋】**　此處說「守護自心」，無作便能守護。其實覓
　　　　心亦須無作，這便是龍青巴尊者所說的「無
　　　　有」與「平等」，當進入「圓成」與「唯一」
　　　　時，便是守護。於能守護自心時，便進入明空
　　　　的境界，講授說為「光輝明淨深自在」的安樂
　　　　境界。這境界並非禪定的究竟，下來還會說及
　　　　覺空的境界、現空的境界、三無分別的境界。
　　　　下來另文會將這些境界說得更詳細。

　　這境界不會維持很久，有念頭生起時，應以心之覺性
來認知，如是而知。勿因此認為（禪定）出了問題。念頭一
起，即認知其起。讓這念頭跟認知一同自然安住。若心能住
於本然，便能平靜，一切妄念便能自然平伏。你不必去管
他，他會自解脫，有如大海中的波浪，終能歸回大海，大海
是波浪的唯一歸路。心亦如是，於靜中若然生起變化，唯任
此變化於本然中自解脫。由是心自然平靜而得清明。行者應
如是而修禪定。

　　若行者於念頭生起時作伺察，妄計其為謬誤，還想停止
諸念，如是妄作又成為另一念頭。這樣來修禪定，只能令心轉
入重重煩惱，於念頭作種種追逐隨念。是故切勿如是觀修。

**【釋】**　於明空境界中，或有雜念生起，亦應無作而
　　　　住，不作意於排斥這些雜念，只須「以心之覺
　　　　性來認知」。認知甚麼？「念頭一起，即認知
　　　　其起」，而且「讓這念頭跟認知一同自然安
　　　　住」，這便是「念念分明」。

有些人說「念念分明」，是每個念頭都看得清清楚楚，這只是依言說來解說，所以落入許多作意。筆者在夏威夷時，常常到海邊去觀海，海波有時紫色、有時藍色、有時綠色、有時白色，如果作意於「分明」，那便很容易以心轉境，要對不同顏色的海波作意追尋，不同顏色的海波，是由甚麼不同環境來生起，這樣，海波的相，便會變成是種種尋伺相。倘能如所見而見，那便是「讓這念頭跟認知一同自然安住」，因為念頭起時，我們沒有作意去尋伺，那就自然能跟認知同住。

蓮華生大士在《直指教授》中還舉一例，船在大海中行駛，船桅上停着一隻烏鴉，當烏鴉離桅飛馳時，不須對牠作任何尋伺，烏鴉自然會飛回船桅，因為在大海中，牠更無住處。我們只須認知烏鴉飛走了，那便是見烏鴉一飛，我們就生起見烏鴉飛的念頭同時認知，這樣才是「分明」。假如見烏鴉飛，立即去追尋牠飛向那裡，遠處有甚麼地方，烏鴉飛得遠不遠，那就是尋伺，那就不是念頭一起，同時認知。

讀者會問，怎樣才是「應以心之覺性來認知」呢？簡單來說，就是離一切作意來認知，不作意於對海洋的知識，不作意於對海波的知識，亦不作意於觀海的經驗，或者說，不作意於烏鴉能否停在另一個地方，不作意於烏鴉能飛得

多久，那便是離名言句義（無有），離種種分別相（平等）而認知，但住於任運，如是認知即可稱之為覺，因為是認知到本然 —— 海波本然如是呈現為各種不同的顏色，烏鴉本然會飛來飛去，如是即離尋伺而覺。

若心能覺知念頭而安住，不為念頭所縛，這便是「寂止」。能舒緩及平靜念頭之力，令行者能得住於心性之樂。此修習，梵文稱為「奢摩他」（Śamatha）；藏文稱為「zhi gnas」。若行者能稍為對此作串習，其身心即可得安樂之覺受；或於夜間修禪定時，能得明覺，猶如得見陽光的光輝點飾。此等不同覺受，皆為心能生起「奢摩他」寂止之徵兆。行者對此等徵兆作正面肯定未嘗不可，但切忌沈醉於此等徵兆。若然任其生起而不沈迷，此等徵兆可在行者修道上作為助力，而行者則不受其損。是故無論任何安樂或明覺生起，皆不可對此等覺受刻意執持，當然亦不應刻意壓制其生起，唯放任自然即可。

【釋】　此處總結上來所說，都是寂止的觀修。但行人須知寂止其實又可以分為寂止的寂止、寂止的勝觀，一如勝觀可以分為勝觀的寂止、勝觀的勝觀，所以說寂止法時涉及的勝觀，並非層次混亂。

　　　本講授明指，觀修寂止，實為「心能覺知念頭而安住，不為念頭所縛」，僅此而已。如是，即能得安樂覺受，且能於夜間得明覺，是即能

住入明空境界而覺，對此等覺受境界，應無作
意放任自然。

行者於修禪定時若無思無念，此為渙散昏沉而覺昧之
境界。行者猶如昏睡而失去知覺。於此種無念頭之境界，似
為入定，但其實無有念頭生起。其心亦非本明。因行者已不
知不覺陷入阿賴耶中，阿賴耶（ālaya）為一切輪迴法之基。
是故行者應提醒自己，應於此境界中醒覺。行者身挺直，排
死濁氣，專注其覺於面前虛空。若不然，行者會滯留此昏沉
境，彼禪定實為徒勞而永無精進。故此種無思無念之覺受實
為修禪定之大忌。無論何時生起，即應立即清除，故行者應
保持覺知敏銳，此為要點。

【釋】　這段講授是說，修寂止的歧途，關於這點，可
　　　　參考下來〈辨別無渙散〉一文，本講授僅說以
　　　　「無思無念」為寂止的錯誤。認為寂止即是無
　　　　思無念，是最常見的錯誤，是故特別指出。

　　　　不應無思無念，是因為一有這樣的認識，必定
　　　　作意於無思無念，如是即落於作意，不成寂
　　　　止。還有，即如本講授所說，無思無念的境界
　　　　是昏沉境，此境陷入阿賴耶中。阿賴耶與阿賴
　　　　耶識不同，單純住入阿賴耶，其實是住入根本
　　　　無明，所以，當觀修至阿賴耶顯現時，必須同
　　　　時修法性光明，令阿賴耶與法性相融，這樣才
　　　　能見本明。不過，這是修忿怒尊的修法，也可
　　　　以說是修習勝觀的方法，非本講授之所說，亦

非初修禪定者之所為。欲知其詳，可參考本書中〈甯瑪派說「阿賴耶」〉一文。

　　如是修習即能漸得寂止。若心得自在而放任自然，此即謂得禪定之「安住」。於此安住境若有念頭生起，此即謂（禪定之）「變動」。若能了知心之「安住」及覺其「變動」，此即謂「覺」。此三者合稱為「住、動、覺三（種）」（gnas 'gyu rig gsum）。初學者，唯能於座上正修禪定時心才能得靜。若行者能日久串習，彼於步行時，心亦能不散亂。其後坐下時，心於座上亦能住於覺而無有動搖。是故行者於何時何刻亦應如是修習，久而久之其禪定會漸漸精進。好吧，讓我們一同稍修禪定，好嗎？（釋者按：這一句是甯波車帶領聽眾稍修禪定）

【釋】　　此處說及禪定的住、動、覺，這是一個大問題。

　　　　　行者觀修，起初須知靜、動、異。行者住入一覺知境，是為靜；忽有一念頭生起，是為動；因動而覺知變異，是為異。這樣就是念念分明，就是念頭生起同時認知。甯瑪派有一口訣來讓行者作抉擇：「靜為動之機，動為靜之變」，如是即可抉擇「動靜一如」，因為在本質上，動機與靜非二，動相與靜相亦非二，是故可以決定為一如。

　　　　　由是進一步即可抉擇住、動、覺亦一如，如本講授所說：「若能了知心之『安住』及覺其

『變動』，此即謂『覺』。此三者合稱為
『住、動、覺三（種）』。」此三者亦當然一
如，如作意住與動的分別，即不能起覺，唯
落於分別識而不成寂止。


　　行者若能於此本然境界暫住片刻，此即稱為平等住。
此亦即禪定之正修。於座後，行者會回到日常生活，例如：
步行，入座，唸頌，或唸咒等，此即為「定後」。「定後」
者，謂行人於禪定之正修後落座之所作。若然行者能持住當
下之覺心而於後得時不散失，回到座上正修禪定時，心自能
迅速得堅穩。行者應如是守護其覺心而不散亂。

【釋】　上來已說依禪定住入本然境界，今定義此本然
　　　　境界為平等住，此實為依覺心而住，若依道名
　　　　言而說，這便是住入覺空境界，來見現空境
　　　　界，由本覺而覺，即是覺空。所謂依本覺而
　　　　覺，即是離名言句義來認知，甚至離眼耳鼻舌
　　　　身意的覺受來認知，下來文獻即有細說。若簡
　　　　單來說，便是如是見而見，亦即本來如是而
　　　　見，更無其他增上而見。行者能住入覺空，當
　　　　見一切法的顯現時，便知是現空的顯現，由現
　　　　空故，決定一切法都依法界生機而顯現（可說
　　　　為依「現分」而顯現），是故平等。因此，住
　　　　入本然境界，便稱為平等住，這便是般若的境
　　　　界。若於平等住中更觀修圓成與唯一，則進入
　　　　甚深般若波羅蜜多。

於平等住時，行者讓心自然住其本性，猶如大海無風不起浪。心念是心氣的顯現，在心境中成為一個變化。是故妄想亦實為心之行相變化而已。無論任何念頭湧現時，只要讓其回歸本性，一切念頭皆自行平復，猶如海浪自然融入大海。行者應如是正修禪定。

【釋】　　這裡所說的，便是由靜動異一如，進而至住動覺一如，此二者的區別是——

靜、動、異：是世間現相與如來法身功德雙運，亦即不住於眼耳鼻舌身，一切現相或顯或隱（所見事物即為顯，一切思維的心行相即為隱），皆為法身功德之變異相。

住、動、覺：是前者的雙運境更與法身雙運，亦即阿賴耶識住入阿賴耶，阿賴耶自然與法性相融，六根門頭隨然起覺，其覺即為本然心境。

定後所作，一般包括進食、睡覺、步行，及憩息等等。是故出定後，不應如受驚的野兔般由座上跳起。禪定修畢已，應緩緩由座上站起。如要離家出外，身心應放鬆自在而步行。雙目隨眼凝視前面地上數尺，約一肘遠之距離，平靜而行，心自不受擾。反之，若行者漫無目地遊步，左顧右盼而行，心便自然散亂。故步行時應作如下：緩慢平穩而行，慢步而走，目視前面地上數尺。

行者如入座時，坐時切勿如巨石或盛載泥土之布袋般

跌落地上。例如一塊石頭懸掛於地上之高空，若然切斷捆在石頭的繩索，石頭會砰聲掉在地面。是故行者非如平常人般坐下，而應緩慢平靜而坐。

待人接物如何作行持？經云：「余若目視諸有情，目光應滿誠與悲。」是故行者接觸諸有情時，以本然平靜之心，誠懇慈悲之目光而望，坦誠凝視彼等。若然行者自心持着慈悲及菩提心，其心意會由其目光表達，傳遞出寧靜及平和之情懷。由是行者望向有情時，應以誠摯及慈悲而目視。

行者言談舉止中，切勿毫無意義地喋喋不休，胡言亂語。說話時要用真誠及柔和的語調與聽者相應。

進食時要避免發出聲音，切勿如牛食草或狗食晚餐般狼吞虎嚥。飲食時心應放任自然。

若然要去解手，應儘量避免如下處所：人多之處，或鬧市，或寺廟等神聖之地。

睡覺時，要悠然自得地躺下。向佛法僧三寶作祈願。置心於祈願時之境界，自在地入睡。醒時，上師及三寶明澈現於心中，虔誠地起床，如古語云：「起床心即生虔信。」

於日常生活，無論步行、休息、進食或睡眠時，身應放鬆，寧靜、緩慢而作。談話時要平靜、少語及慎言，音聲要柔和入耳，令人愜意於心。

行者若能如上所作，其日常言行即合教言。最重要者，其心與「法」相應。於此所言之「法」，即謂調伏自心，調和諸煩惱。

【釋】　上來所說，是禪修的觀行，亦即於行持上觀修禪定，最好是能持着覺性來觀修，如若不然，亦應心法相應而行，亦即覺知念頭變異，認知與念頭生起同時而住，一如上說。

# 大圓滿直指・心珍寶予具福者
རྫོགས་ཆེན་ངོ་སྤྲོད་སྐལ་ལྡན་སྙིང་ནོར་བཞུགས་སོ།
*rDzogs chen ngo sprod skal ldan snying nor bzhugs so*

敦珠法王無畏智金剛　造
再傳弟子大韋馮偉強　譯
弟子無畏金剛談錫永　釋

【釋】　本論說依大圓滿道修禪定，於中是敦珠法王依歷代上師口訣，及他本人證量，造成本論。此中所說，貫注祖師心血，是以稱為「心珍寶」。能有緣讀本論而依其觀修者，即是具福者。

論文篇幅不多，但已融匯全部大圓滿觀修法。甯瑪派具德上師教授弟子觀修儀軌時，可用此觀修法配合。至於如何具體配合，本論未說，然而具德上師應知，是故讀者不宜讀本論後即自行觀修，必須有具德上師指導。

於余上師敬頂禮

鄔金蓮花生大上師云 ——

萬法本源何須斷　唯須斷定心本源
心性本源若斷定　知「一」能解於萬法
若心本源未斷定　縱知萬法唯失「一」

【釋】　本論引蓮華生大士此頌，說明觀修果為能證「唯一」。此唯一境即大圓滿果、即深般若波羅蜜多境界、即不二法門境界、即如來藏境界，亦可說為自然智與後得智雙運的境界，是為佛所證智境，亦即如來法身。

頌言，不須斷定萬法本源，唯須斷定心本源，此即將萬法歸為一心，是即心本源便是萬法本源。

心本源是心本然，心本來如是，因為心本來即如來法身，所以心性本然即是如來法身性。依如來藏說，將如來法身性施設為空性（釋迦於說般若時已明言「空性」只是施設），那麼，一切在如來法身上顯現的諸法，便可說為空性，以顯現相的性必然跟顯現基的性相同，一如鏡影的性必與鏡性相同；水中月的性必與水性相同，是即可說為「唯一」。由此即知可以不須斷定萬法本源，唯須斷定心本源。萬法如鏡影，心則如鏡。知鏡性即可，不須逐一知鏡影性。

禪定的觀修，便即是斷定心本源的觀修，這才可以說觀修禪定即是修心。

故行者欲觀修心之勝義本性時，身應挺直，呼吸自然，目半開合，隨然凝視面前虛空。汝今思維：為利益一切如慈母之諸有情，余直察覺性，即普賢王如來之本來面目。

汝向根本上師熱切虔誠祈請，以上師與鄔金蓮師無異無別故，願盼行者之心性能與上師心雙運，無偏私而安住。

【釋】　此說觀修大圓滿道禪定行人，入座時應如是作。此有三支：身支為身應挺直，雙目垂簾，凝視面前虛空。語支為自然呼吸（不能言說或唸咒）。意支為，思維今此觀修實欲直察覺性，亦即直察普賢王如來本來面目，由是利益如慈母之諸有情。行者於是祈請，願自己的心性能與上師心性雙運而安住。

如是作，即是觀修前的調心、發願、祈禱。作此三支甚為重要，許多行人常忽視於此，由是所作觀修即難得修心的利益。

作此三支後，即安住於自己心性與上師心性雙運的境界，這便是觀修。若修儀軌，則先抉擇上師與本尊雙運，然後觀修自己的心性與之雙運。何謂雙運，此如手，即是手掌與手背的雙運相，無異離而融合。由是行者即能由寂止而入明空境。

若如是而止，汝心定不能長久住於此明空覺性，自然會變得心猿意馬、煩燥不安。此非心之本性，唯「念」而已。行者若追逐於念，自然會無時無刻對念作種種計度尋伺，思量如何相應而行。

於過去，此等思維，不自覺而將行者拋入輪迴海。於

未來際亦然。故於今際，行者心若能不隨煩惱思維所轉，豈
非更勝耶？

【釋】　　入明空境，由明空覺性而知，所謂明空覺性，
　　　　　即是遠離名言句義、遠離眼耳鼻舌身的心性。
　　　　　在蓮華生大士所說的念修四支中，此即念支與
　　　　　近念支；於無垢友尊者所說的修心四支中，此
　　　　　即如幻與領受二支。

　　　　　明空覺性不能持久，必有妄念生起，這些妄
　　　　　念非由心的本性而生，所以不是覺性所覺的
　　　　　境界，而是認知念頭的境界，倘如想驅除這
　　　　　些境界，對付這些境界，那不是安心，相
　　　　　反，實在是令心煩擾。行者唯須摒除一切作
　　　　　意而自然安住，是即禪定。若受這些突然生
　　　　　起的念頭所縛，以心轉境，則須知長久以
　　　　　來，正由於此而墮入輪迴，未來亦當因此而
　　　　　墮入輪迴，故於念時即應觀修禪定，令心不
　　　　　受煩惱思維所轉。

　　　　　甚麼是以心轉境？心起一念，即有心行相生，
　　　　　依此心行相輾轉尋伺，即成一心境。此如心中
　　　　　忽然起念見一友人相，隨即想到約他打麻將，
　　　　　然後又想到還要多約兩個人來湊成四隻麻雀
　　　　　腳，於是又計度約阿甲阿乙兩個人，那便是以
　　　　　心轉境，由一心相轉成心的境界。

　　　　　於妄念生起時，行者可參考上篇〈敦珠甯波車
　　　　　說禪修〉所說的念念分明，如是即能自然安

住，要點是由覺性來覺知念頭，這便是所謂
「念知」，是為覺性的境界。


或問：行者若能打破妄念枷鎖，其覺性境界為何？

答曰：其境界為空性、廣大、離邊而無礙、自在，大
樂充盈，離種種性相所規限，涅槃界及輪迴界諸法無一不含
藏於中。於本初，覺性本然任運，從未離於一，但離諸所
行，離一切作，離言離思。

【釋】　此說覺性的境界，而且說得甚深，現在加以分
　　　　析——

由住明空境，即能起覺，如是即同時成覺空的
境界，所以說「其境界為空性」。所謂廣大、
離邊、無礙、自在、大樂充盈等等，即是於明
空境界中，同時生起覺空的覺受。這便是念
修四支中的修支，或修心四次第中的意覺
支。《六金剛句》中說「是於止觀境，住無作
而現」，所言的止觀境即是這樣的境界顯現，
因為住明空境界，以至起覺空境界，都須無作
意放任自然。

於上述境界中，還須抉擇，這境界周遍含藏一
切法，故諸法無分別，而行者亦無所得，唯於
平等性中見諸法任運圓成，這樣則不離於一，
亦即不建立相對二法。譬如說，不建立正念與
妄念、不建立動與靜、亦不建立佛性與凡夫的

心性，如是等等，即是打破妄念枷鎖，不住於
念頭而認知念頭的覺性境界。當見境界中含藏
一切法時，即見一切法周遍顯現，此即由覺性
覺知「現空」，如是即成為念修四支的大修
支，修心四次第的等持。

此處所說為抉擇與決定，初對明空，次對覺
空，最後對現空作抉擇與決定，至得三者同
時，渾然唯一，那便是禪定的等持境界，亦說
為平等住的境界。


或問：當行者能認識覺性之本來面目，其境界為何？

答曰：縱使行者能察知覺性，此實非言說所能形容，
猶如啞巴嘗試描述其夢境。汝實無法可以說出自己安住的境
界，及其所安住的覺性。

當汝能自然而赤裸安住於離礙之覺性，諸疾速、糾纏
不休之念頭，曾令汝作種種以心轉境而苦惱萬分，未曾有一
刻得休息，現今則盡失功用。於此無雲晴空之覺性廣大界
中，「念」僅為覺性中之變異，由是融化而消逝，於覺性中
失其力用。

此覺性，即清澈、赤裸之法身智，汝實本具。

【釋】　　此處令行者了知覺性本來面目的境界，如是即
能抉擇自己的證量。

覺性本來面目的境界，不可言說，亦不可思

維，因為一落言說與思維，其心行相即非覺性本來面目，下來譯者的註已說清楚。

當見覺性本來面目時，其實已如上說，由覺性同時生起一現空境界，即由覺性覺知一切法的顯現，實依如來法身的功德（功能）而顯現，這功能可以理解為生機。法界中一切事物，甚至一切思維，實都具有生機。譬如現代，已無人會用宋代理學家的思想來生活，例如女子三步不出閨門，這便是因為此禮教思想已失去生機。亦如現在，中國實行一帶一路，這一帶一路的思想便有生機，正因為有生機，所以才有人誹謗，說這是極權思想，由極權來控制世界各國，倘這種思想沒有生機，反而沒人來造謠誹謗。

安住覺性的境界，亦即在「明空境界」中安住「覺空境界」，同時見「現空境界」，如是見三者同時的境界，即見本來面目。

行者此時已能了知，一切法的顯現，實依覺性的智境而顯現，亦即依如來法身而顯現。所以本論即說此為普賢王如來的本來面目。

【譯註】　凡夫受妄念所轉，不知一切念都是覺性中之諸種變異，猶如萬花筒中種種變異圖案。倘凡夫妄執萬花筒的變異圖案為實相，更對之而作種種以心轉境，這樣便成為無明。若行者能念念分明，知念念只是覺性的相續變

異，覺其為法性之隨緣自顯現，一如萬花筒圖案的隨緣自顯現，任運圓成，念念便會自然相融而消逝於當下，由是念念便失去令凡夫成無明的力用。於此，法王著重行者安住於覺性，覺念念為相續變異，即可不受念念所縛，並不是由作意來消除其念。

或問：誰向汝開示此本具覺性？斷定本覺為何？自信如何而生？

答曰：（此應以三金句而明之）。

初，向汝開示此本具覺性為上師。由上師之開示，汝能察知自己之本來面目，由是「直指於自性」。

然而，輪迴界諸法及涅槃界之顯現，皆無非為本具覺性之幻遊戲（按：即種種如幻變異），故汝即能「斷定於自決」，（一切念頭）唯此覺性。

諸念即生即消融於覺性中，猶如大海水波自然融入於海，故汝能「解脫於自信」。此即超越能觀修之心，所觀修之法，及觀修之行。

【釋】　關於「三金句」，於拙著《龍樹二論密意》中，「密意說空」一節即有詳說，這是甯瑪派人間初祖俱生喜金剛對弟子妙吉祥友的開示。敦珠法王曾有解說，今先引錄如下──

初，直指於自性。

當下，活潑潑地現前的覺性，超越三時，超越一切心識與念頭，是即為本初覺性、是即為般若智、是即為法爾本覺。如是，即為「直指於自性」。

次，斷定於自決。

無論輪迴抑或涅槃的顯現，一切都是本覺力用遊戲。因為無一法可逾越於此，是故應於此中無間相續而安住，由是即應「斷定於自決」。除此之外，亦別無所有。

後，解脫於自信。

無論粗念抑或細念生起，都由認識其本性，而令彼於法身無邊大界中自顯現自解脫，是亦即於明空無二中自現自解。此即為〔心〕相續本自解脫之確信。

依這三段解釋，直指於自性，可說為，行者察知覺性的本來面目；斷定於自決，可說為，唯此覺性得顯現輪迴涅槃二界的遊戲相；解脫於自信，可說為，諸念於覺性中即生即滅，亦即自顯現自解脫。下來更有另文詳說。

或問：若行者本具覺性，知此已足，更何須觀修耶？

答曰：非也。縱使行者能知其本具覺性亦不能得解脫。無始以來，眾生受困於無明習氣。至今汝僅得人身，但

實勞役於一文不值之妄念而成其役僕而已。於死期至，汝等不知下生為何，但隨業力流轉而得苦。故汝今須觀修，串習於其已受開示之覺性相續中。

　　殊勝龍青巴大尊者云——

　　　汝或察知其自性　　若不致力作串習
　　　妄念成敵作牽引　　戰場棄嬰可憐成

【釋】　　此處所問的是一個大問題。許多人正因為對這問題不理解，因此否定甯瑪派的大圓滿教法。此如日本曹洞宗初祖道元禪師，即因對此問題生執着，致生誤解，便否定了《楞嚴經》與《圓覺經》。

　　　　　行者本具覺性，並非說具有本覺即已成佛。說眾生皆有佛性，眾生皆具本覺，那只是指出眾生心性的本然狀態，但此本然狀態可以被無明覆蓋，一如點燃一盞燈，卻拿瓶子把燈蓋起，那麼便可以問，本來就已有燈光，為甚麼我們還要將瓶子揭起呢？我們當然會答道，不揭開瓶子，雖然燈在點燃，但我們便見不到燈光，這樣，我們就可以說，雖然本具覺性，但不觀修，便不能令本具的覺性顯露。本具的覺性猶如燃燈，無明習氣則猶如覆燈的瓶子，觀修便等如將瓶子揭開，或將瓶子鑽洞。

　　　　　論中還指示一點，我們得到人身，雖然難得，實在只是得力於業力。世間種種業力若不由覺

性來覺知，那麼我們就會為業力所縛，一生一
生輪迴下去，而且沒有把握我們必能得到人
身，是故必須串習觀修而求解脫。於是，行者
還須知道不是觀修的法具解脫力，而是因為觀
修，我們才能生起本覺，此際一切縛束即自顯
現自解脫。

　　一般而言，所謂禪修，即無渙散而離執、安住於覺
性，於本然相續境中，知念為本初，由是悟入任運離作之本
性中。是故，禪修時若有念生，任其生起，即能串習於本
性，以念非為敵故。於念生時，行者唯放任自然。若念頭未
生時，切勿伺察念會否生起，行者此際唯處之泰然則可。

　　更者，觀修時，當念頭如雲似湧，突然湧現時，自能
易察覺之。若然念極微細，除非念頭積聚為多，否則難以
察覺。此稱為念頭之暗流。此等念之暗流，猶如禪修之鼠
賊，故行者應以「念知」作為防護而看守之，此實為至
要。無論行住坐臥、進食、座上修抑或座下行，若行者能
恆時住於「念知」相續中則已足夠矣。

【釋】　　欲明此段須先了解念知，此可參考譯註所言。

【譯註】　「念知」，藏文為 dran shes，藏文 dran 可譯為
　　　　　「念」，shes 可譯為「知」，故應譯為「念
　　　　　知」。但因英譯將此詞譯為 mindfulness，根據
　　　　　英譯譯成漢文的人，卻依 mindfulness 譯為「正
　　　　　念」，應不妥。「念知」之「念」實為非落

於二取、非住於眼耳鼻舌身意之「念」。禪
修時，行者應不住於眼耳鼻舌身，甚至不住
於意，如是而「覺」其念，始可稱為「念
知」。不稱為「念覺」而稱為「念知」，實
因為念知之「覺」尚未為本覺。然而可以決
定，色聲香味觸等實皆為念，心意亦為念，
此等念，都為心氣之覺相，亦為覺性之赤露
空明境界，不住而住。此亦配合無垢友修心
四次第：如幻、領受、意覺、等持。


大上師蓮花生大士云 ——

　　百般千般諸解釋　　僅唯一法須明之
　　知一即解於萬法　　住於覺性真實性

大上師亦云 ——

　　若不觀修信不生　　觀修即能生自信

【釋】　　禪修只是覺境，覺不是念頭，修禪行人必有念
　　　　頭生起，故必須了知念頭生起亦是本然，然後
　　　　才能起覺而覺「念知」的本然相。此處已先引
　　　　【譯註】說明此點。

　　　　了知「念知」後，行者須無渙散住於覺性，下
　　　　來即有專文說「無渙散」，於此不贅。若行人
　　　　尋伺念頭，例如我現在的境界是否已是寂止境
　　　　界；是否已是空性境界；我見到光，是不是一
　　　　個好的境界；我覺得舒服，是不是輕安境界，

那便是蓮師所說的「百般千般諸解釋」了。若
了知念頭實本然是覺性的變異相，那便是蓮師
所說的「僅唯一法」了，這個「一」就是「覺
性」。由是建立「萬法唯一」的決定，那就能
「住於覺性真實性」。

前面問到眾生都本具覺性，何以尚須禪修？
現在就可以明明白白地告訴你：「若不觀修
信不生，觀修即能生自信」。說了知念頭實本
然是覺相，可以說是「直指於自性」。決定僅
唯一法，那就是「斷定於自決」。入覺性真實
性，即能生起自信，得「解脫於自信」。此處
所謂解脫，可理解為，於唯一中一切法自顯
現自解脫。

敦珠法王於本論中，還指出「念頭之暗流」，
行者「應以念知作為防護」，於觀修中，此點
極為重要，若不由念知來覺此暗流，在觀修時
便會走入歧路，又會返入名言句義的執着。例
如行者常時認為自己斷斷續續得到輕安，這種
斷斷續續的「認為」，便已經是「念頭之暗
流」。於串習時，此暗流積聚，便會成為對
「輕安」的執着，一上座，行者就會作意得到
自己認為是「輕安」的境界，這就是執着妄念
而成無明了，故應生起念知來於覺性中化解。

或問：其所生自信為何？

答曰：行者自信，若能如是厲力精勤於觀修，由串習而得現證之徵兆會生起，其於二取顯現之實取執會逐漸鬆馳，其沉迷於苦樂希疑等會慢慢減弱。其虔誠於上師會增長，其堅信於上師甚深教法會自心中生起。稍後，其執於二取之心會自消融。由是金與（金礦的）岩石為一味，食物與排泄物為一味，天人與魔為一味，善行與惡行為一味。汝不偏於淨土或地獄。

若然未得，持二取心之行者則會覺得有善行即有惡行，有淨土即有地獄，有悲即有哀，有行即有果，彼執實此等種種分別不容置疑。

大上師蓮花生大士云──

余之見地高於天　唯余對業果之重
尤比麵粉更細緻

【釋】　這裡是回答一個問題：生起自信，自信到底是甚麼東西？

我們日常生活中，其實時時自起自信，例如，饑餓時便自信要吃食物；睡意起時便自信要睡覺，如是等等。但亦有不自覺的自信，例如呼吸，沒有人在呼出一口氣時，會覺得我要吸氣了，其實他已經自信呼氣後一定要吸氣。為甚麼會有這種分別呢？這就須知「本然」了。

我們一生出來就本然會呼吸，而且呼吸不斷，所以呼吸這個動作，已無須由念頭來支配，這就是因為我們的呼吸已成本然。能入本然，即

離二取，是故便不須作意生起自信。但飲食則不同，我們不是一日廿四小時不斷飲食，所以才必須有二取，自己是能取，食物是所取，要取食物來充饑，因此便有明顯的自信，信食物能飽腹。

行者精勤串習，上座修持，下座行持，無時不住於「覺性真實性」中來覺一切念頭，那麼，這就等如對呼吸的自信了，無自信而自信，這才是「解脫於自信」的自信。是亦即住於唯一之中而離二取。

行者觀修，上師教授要恆時起本尊慢，或恆時觀心輪有種子字明點，這就是自然而然的觀修境與觀行境。長久串習，此便有如呼吸，不須作意生起自信，因為自信已本然生起。本然的自信無分別、離二取，所以便可說為「天人與魔為一味，善行與惡行為一味」等等。這不是否定因果，只是超越因果，不相對而建立二法。所以蓮華生大士的讚頌便強調這點，建立的見地雖高，但仍須尊重業力因果。


以此之故，若有行者耽於酗酒、濫交、或亂語，切不可稱其為大圓滿行人或大修持者。取而代之，汝應樹立堅穩根基，虔誠於守三昧耶戒，猛烈熱誠於觀修、放棄一切無義之日常俗務，汝定會得大圓滿甚深道之殊勝義，即生臻至本淨基，而何須延至下世耶？

【釋】　　此為結語，說「虔誠於守三昧耶戒」，即為矯正行人認為修大圓滿道不須守戒之誤解，「放棄一切無義之日常俗務」，即針對現代人以為修甯瑪派教法，因說不捨世俗，即可無事不為。

此說「本淨基」，此即住於本然的覺性，能覺此覺性是為智，由智而覺，即覺知一切法本來面目，這才是不捨世俗的本然，是即可說為本淨基。本淨故無分別、無二取，於此真實覺性中能覺一切法本然，故說此覺性為基。

余上師云——

余為平凡年老者　不思何人唯上師
不誦它言唯祈禱　不許一法唯無作
如是而得自在境　喜悅安逸隨然住

【譯註】　據英譯本，此為敦珠法王引其根本上師，不變了義自在（'Gyur med nges don dbang po）之教言。

【釋】　　不變了義王之讚頌，可說為大圓滿行人須守護的四點：一、不自生慢；二、感恩上師；三、不說無義利語；四、常時無作意。

結頌

（為令心想安穩，故教授此口訣導引，結頌為如下）——

　　　為令心想安穩而成就　　唯依大圓滿甚深教授
　　　故於此論示簡明口訣　　余敦珠造論作汝導引

　　余，無畏智金剛，對具福者示此心珍寶，置直指教授
赤裸裸於其掌中。

# 【譯者記】

此論收錄於敦珠法王全集 ah冊，336-342頁，有二英譯本。譯時適逢恩師無畏金剛教授《觀修忿怒尊本初清淨圓滿次第訣要》及《閉關訣要》，覺其所教授與敦珠法王於此篇所說之「三金句」，可互相配合。於此，譯者更深刻體會於大圓滿教授，上師對弟子之重要。若無上師直指弟子於其心本性，弟子自不能「斷定於自決」及「解脫於自信」。故於《閉關訣要》，敦珠法王云：「行者要從未有一刹那離開如下覺受：上師即真實佛陀，應虔誠猛烈向上師祈願。虔信，為唯一堪能之對治，勝於任何除障法及助進法。」法王更引祥甯波車一頌：「若以行者虔誠力，以及上師加持力，證量由是自生起，此即實為甚稀有。」諸弟子應對此牢記於心。虔誠力及上師之加持力，對弟子之修持實為至要。

大韋於西元2020年6月12日譯畢圓滿而記。


# 【釋者記】

譯者大韋阿闍黎馮偉強呈此譯稿，閱後甚喜，以本論實貫串「三金句」密義，如是說觀修甚為稀有，此實為歷代祖師與法王之心血珍寶，因略作修訂，並加按釋，於西元2020年歲次庚子，白露日圓滿。其時世間流行瘟疫，願以此微末功德回向世間吉祥。無畏記

# 三金句略義

ཚིག་གསུམ་གནད་བརྡེགས་ཀྱི་བསྡུས་དོན།

*Tshig gsum gnad brdegs kyi bsdus don*

敦珠法王無畏智金剛　造
再傳弟子大韋馮偉強　譯
弟子無畏金剛談錫永　釋

【釋】　今說甯瑪派大圓滿道的《三金句》，打算由頭
說起，因為《三金句》實有二本，一為原本，
一為改寫本。現在先由原本說起。

《三金句》原本的出現有一個故事——

甯瑪派人間初祖俱生喜金剛（rGa' rab rdo rje）[1]
於圓寂時，他的弟子妙吉祥友（Mañjuśrīmitra）
五體投地，高聲大哭，喊道：「大日消失了，
讓誰來驅除世間的黑暗。」意思是說，俱生喜
金剛上師圓寂了，就沒有人能教授驅除世間黑
暗的法門，亦即是，再沒有上師能教授如何除
去世間的無明，令世人普得解脫。

隨着他的喊聲，天上彩虹出現，於虹光中現出
《三金句》（rDo rje'i tshig sum），這便是上師

---

1　dGa' rab rdo rje，應直譯為「極喜金剛」，但筆者覺得應依意譯，譯為
「俱生喜金剛」，此中自有密意。

對弟子的究竟開示，也是上師對弟子的加持。所以學甯瑪派教法的弟子，甚至凡是有意學佛來修心，以求得到解脫的行者，都應該接受這個加持，因為這三句教法，有如用椎來擊凡夫的自心，令此心得現證本覺，所以後來這《三金句》便被稱為《椎擊三要》。

這《三金句》，在無垢友尊者的《無垢心要》中有記錄，全文三句是──

　母親歸於母親
　兒子歸於兒子
　兒子歸於母親

母親是譬喻法界，兒子是譬喻凡夫的識界。所以這三句頌文可以解釋為：法界歸為本然的法界，識界歸為本然的識界，本然識界歸為本然的法界。如是即修心圓滿。

要解釋這三句，先須明白「法界」是甚麼，這就非認識如來藏不可。

我們先由凡夫說起，凡夫生活的境界是「識界」，因為人在此中必須依心識分別，若無心識分別便不能成立世間的一切法，「一切法」是指世間的一切事物與思想。基於心識分別，人便有一種「領受」。我領受這種思想，他領受那種思想；我領受這種事物，他領受那種事物；我領受這種文化，他領受那種文化，如是

等等，這便成為世間的智慧，稱為「識智」
（分別智）。所以可以說，不同的人實依其自
我的「識智」來成立「識身」。

這時我們即須知道，識智雖然是一種境界，並
無實體，但這境界卻必須有二取、有分別。人
的自我是能取，一切法是所取，由是才可以說
為「領受」；領受時亦必須分別，所以才會辨
別，我領受到甚麼，我要領受甚麼。「識智」
的功能就是這樣了，由此領受與及自我的建
立，就成為一個「識界」。

這樣一來，我們便知道依世間二取分別成立的
識身、識智、識界。

現在談到成佛了。佛於成佛時，必須現證本然
的領受。說為「本然」，那便是離開二取、離
開一切分別的領受。因為本然即無可選擇，所
以不生分別，一切法有本然的自性，所以我們
亦本無所取，因為除本然外別無所取。這個時
候，我們就可以將本然的領受說為「本覺」
了。因為是覺一切法，而不是領受一切法，這
時生起的便不是識智，而是「本智」（法智）
了。本智即由本覺而生，本覺的境界就是本智
境。

本智既然是一個境界，那就沒有實體，但佛家
為了要建立法、報、化三身來說法，所以就將
這非實體的境界稱為「法身」；為了說這境界

實由本覺的覺性而成立，所以就將這境界稱為
「法智」；為了說一切法都在這境界中成立，
所以就將這境界稱為「法界」。法身、法智、
法界三無分別，都是同一境界的稱號。但必須
將此建立三個稱號，才可以跟凡夫的輪迴界相
應——基於凡夫的領受，可以建立識身、識
智、識界；基於佛的本覺，可以建立法身、法
智、法界。

現在對這三句義就容易理解了，母親，總括了
法身、法智、法界，三者都是本然；兒子，總
括了識身、識智、識界，三者皆非本然，實依
心識的二取與分別而建立。我們說的「修心」，
其實就是令行人的心在識身、識智、識界中解
脫，於法身、法智、法界中涅槃。

這《三金句》，後來經大善解功德主巴珠・無
畏法自在（dPal sprul O rgyan chos kyi dbang po,
1808-1887）改寫，仍用《椎擊三要》的原名，
是即——

> 直指於自性　　ngo rang thog tu sprad
> 斷定於自決　　thag gcig thog tu bcad
> 解脫於自信　　gdeng grol thog tu bca'

除此三句外，巴珠甯波車還寫了長頌來解釋，
後來便有了許多釋論。

現在我們就可以解釋這三金句了。

## 「直指於自性」

識智之本然為本住覺性，由是直指於其自性即本智。

**【釋】** 這金句等於說「母親歸於母親」。

由上來的解說，便知道這句頌其實即是說，將本然的身智界歸入本然。因為行者仍是凡夫，不知本然，他仍然依能領受的識智來生活，所以不知一切法的本來面目。這就須通過觀修來令行者認識「識智之本然為本住覺性」，當知識智之本然時，就自然知道識智的自性即是本智。

這就是母親的歸於母親，因為是，將未證悟的本然歸入本然。

## 「斷定於自決」

諸法無論顯現為輪迴抑或涅槃，僅為覺性自身之力用（遊戲），斷定於自決，除了唯一覺性相續變異之住外，更沒其餘。

**【釋】** 這金句等於說「兒子歸於兒子」。

由上來所說，識界中一切法，無論顯現為輪迴或涅槃，本然都是本智境界中的如幻遊戲。凡夫依識智將之加上名言、加上概念（句義），又用眼耳鼻舌身意來領受這些如幻遊戲，如是

即成種種無明，於是成為「兒子」，由此建立種種分別識界。倘如知道這如幻遊戲，只是現證本智的唯一覺性，成種種變異相，那麼就可以決定：世間只有唯一覺性的變異，我們由識心相續來領受這變異相，即不見一切法的本來面目。現在還是一切法，一切法明明白白地顯現在世間，但我們卻已知道他的本然，亦即是說一切法的本來面目，就是唯一覺性變異為種種不同的現象與相狀。

這就是兒子的歸於兒子，因為是，將未現證的覺性變幻境作為識界，歸入本覺變幻而成的識界。如是世俗還是世俗，但面目已然全非。

## 「解脫於自信」

（識境）一切分別，無論其生起為粗分抑或細分，了知其自性為覺空，於法身境界中生起與解脫同時，由是解脫於自信。

【釋】　這金句等於說「兒子歸於母親」。

由上來的解說已知，識界即是分別界，觀修的修心即是遠離分別，由是解脫識界而入法界。是即兒子的歸入母親。

如是解脫，為甚麼須要自信呢？當行者能悟入本然時，其時自然生信，毫無疑慮而自信於本然。一如兒子本然依自信來依賴母親，覺得不

舒服，找母親；覺得肚子餓，找母親，這就可
以說兒子的生信亦是本然。是故解脫，必須由
「本然自信」來信「法界本然」，由是始得解
脫，故說「解脫於自信」。

總說此三金句，可分為基、道、果來理解——

識智的本然，是本住覺性，本來就有的覺性，
這種直指便是見地，是為基。

斷定世間一切法，都是唯一覺性的變異相，此
須由觀修道而決定，是為道。

識界一切法，本然為生起法智的唯一覺性變異
相，能對此生起本然的自信（不是由分別而起
的信），即能得解脫於無明識境，是為果。

此三者又可以說為見、修、行——

依見地為基，故說為見；依道觀修，故說為
修；依本然而行，故說為行。

## 【譯者記】

此為敦珠法王於1976年西方傳法時所造，言簡意賅指出大圓滿三金句之精要。大韋於西元2020年八月末譯畢，圓滿。願吉祥！

## 【釋者結頌】

> 椎擊識心三金句　　覺知本然起響雷
> 於雷聲中得解脫　　覺性唯一離二取

　圓滿吉祥！

# 中觀見甚深導引

དབུ་མའི་ལྟ་ཁྲིད་ཟབ་མོ།

*dBu ma'i lta khrid zab mo*

不敗尊者 造

楊杰 譯

談錫永 釋

【釋】上來的文獻說禪修，禪修分基、道、果，此前已說，本導引則專說見。所言乃「大中觀瑜伽」（dbu ma chen po'i rnal 'byor）見地，此見地非為耽着粗品外中觀之行人而說，故名「甚深導引」。

近人對「中觀瑜伽行」一詞頗有誤解，他們將「瑜伽行」完全等同唯識，於是論證中觀不可能跟唯識融和，由是說修「中觀瑜伽行」的人（當然包括「大中觀瑜伽行」的行人），是錯誤修法。其實「瑜伽行」是彌勒菩薩建立的教法，傳予無著論師，所以現代學者已專稱此教法為「彌勒瑜伽行」，其中雖包含唯識教法，但卻不能完全等同唯識。「瑜伽」（yoga）意為「相應」，所以「瑜伽行」實為與見地相應的觀修，亦可說為與「基」相應的道，行者與道相應，即能得觀修果，本導引所言，即為依大中觀見地來修瑜伽行。

不敗尊者指出，行人應依如理觀察，由二無我而悟入異門勝義（rnam grangs pa'i don dam）境

界，復需由如理觀察而入離異門勝義（rnam grangs ma yin pa'i don dam）境界，此即由超越二無我的無二取而悟入現空雙運，且離言平等之勝義境界，亦即得住於明空境界中而起覺空，是即瑜伽。

但有一點卻非常重要，所謂依見地觀修觀行，只是用見地來作抉擇與決定，而不是修行這個見地，所以在導引中的「如理觀察」，即依大中觀見地，於次第觀修時作次第觀察，由是依見地作抉擇與決定。並不是先確定一個大中觀見，然後去修這個先立的見地。讀本論時應注意及此。

尊者復強調，欲現證大中觀，若唯依理論思擇則仍落名言境界，行者悟入的只是異門勝義，故必須基於大中觀見的抉擇與決定而作觀修。如是觀修，以密咒道最為疾速。故本篇即依密咒道而說依大中觀見的抉擇與決定，言簡意賅，所示次第環環相扣，已將大中觀心要和盤托出，讀者應加珍重。


Namo Mañjuśrīye（頂禮文殊師利）
首先淨治諸行已

【釋】　此說「淨治諸行」，即身放鬆、語不動、意專一於無所緣，是即無作意以持心，持心至能離名言句義、離眼耳鼻舌身意覺受，則入「心一境

性」，是即入彌勒瑜伽行之第八重住心境界[1]。
不敗尊者如是說，即知本導引實為大圓滿道行
人而說，故說為「甚深」。但未至此境界的行
人亦可觀修，唯須串習。

> 即於人無我之理　　　通達決定關要時
> 知所謂「我」依蘊聚　　不加思擇與觀察
> 以分別心假施設

【釋】　此為第一重如理抉擇。「我」依五蘊建立，對
　　　　此建立未作「思擇與觀察」，便依分別心來建
　　　　立五蘊我。故行者於修瑜伽行時，即須依下來
　　　　所說，如是「思擇與觀察」——

> 五蘊以及無為法　　　乃至諸法皆如是
> 分別假立謂「彼」「此」

【釋】　此為第二重如理抉擇。由抉擇「我」為假施
　　　　設，推廣至一切法皆假施設，即使無為法亦為
　　　　假施設。說無為法為假施設是很重要的決定，
　　　　已超越了許多宗派的決定，他們認為無為法
　　　　便是究竟。何以本導引能作此決定？即因為
　　　　凡「法」必有所受，既有所受的法與能受的受
　　　　者，即有「彼」與「此」二法。

---

1　彌勒瑜伽行建立九種住心，第八種為「心一境性」，以第九種等持為究
　　竟。詳見拙《幻化網秘密藏續釋・光明藏》，頁143「等持修法」一節（台
　　北：全佛文化，2010）。

雖然執為種種法　　若察假立之對境
則無些許法可得

【釋】　　此為第三重抉擇。既決定觀修的對境皆為假
　　　　　立，是即可以決定，依對境觀修實無所得。


於無方分之究竟　　最細極微亦不成
若說依於緣起力　　此則僅成為顯現[2]
依諸實事成生起　　依無實法成假立

【釋】　　由本段起，更依上來決定而作重重抉擇。本段
　　　　　抉擇凡假立之法必為無實法。小乘依極微成立
　　　　　實事。因為他們已將「究竟極微」建立為實，
　　　　　亦即認為有一種小到不能分割的極微，然而他
　　　　　們建立的究竟極微，實在無實（現在科學家都
　　　　　找不到一種無可分割的「上帝粒子」）。小中
　　　　　觀依緣起成立實事，因為他們認為悟入一切法
　　　　　的緣起，便已現證諸法的生起，以一切法必須
　　　　　依緣起才能成為顯現故，然而緣起所成，亦只
　　　　　是無實法，此如用種種緣起成立一間屋，不能
　　　　　說顯現出來的屋便是實事，只能說成立了屋的
　　　　　顯現。所以二者都是假立，因為都是依無實法
　　　　　來生起一切法。由是論主作出決定：一定要依
　　　　　實事才能說生起一切法，若依非實事來成立，
　　　　　便只能假立無實法。

---

2　為令譯文清晰，此兩句為意譯。

無論有實或無實　　不察而執彼與此
一加觀察與思擇　　則知無基復離根
雖無而現如夢幻　　水月回聲尋香城
亦如光影陽焰等　　空而現兮現而空
觀修現空如幻理　　此即異門勝義諦
由分別心得決定

【釋】　　此處抉擇異門勝義諦，決定其為依分別心而成
　　　　　立。其抉擇實分兩重，先是抉擇：若依假立境
　　　　　而修，即可決定觀修境「無基復離根」，由是
　　　　　可決定其為無有而成顯現，是即更可決定一切
　　　　　法自性如夢如幻等。

　　　　　此時行人其實已入「現空」[3]，即頌文所說的
　　　　　「空而現兮現而空」，行人由是決定一切法如
　　　　　幻，實由分別心而作決定。何以故？下文即說
　　　　　其理，但由此決定即可入離異門勝義境界，是
　　　　　即依大中觀瑜伽，雖然見如幻即可離人我與法
　　　　　我，但並不以見一切法如幻為究竟。

雖具無垢觀察慧[4]　　照見後得如幻相
然而未離所緣境　　亦未斷除能取相
未能超越遍計故　　離戲法性不得見

---

3　此處所說之「現空」，與如來藏之「現空」不同，如來藏之「現空」，
　是說如來法身功德，非說如幻。

4　此處言慧（shes rab）而不言智（ye shes），以其仍屬道（lam）上之觀察
　慧故，非為智。

生起如是決定時　　即知幻相之執著
實依分別而假立

【釋】　　說見一切法如幻，實由分別心作決定，實因其
　　　　　未離所緣境而見，如是即未能斷除能取相。若
　　　　　有能取所取，便依然落遍計自性，落此自性，
　　　　　即不能見圓成自性。由是不能現見離一切戲論
　　　　　的法性，如是決定，即知行者執着幻相而作觀
　　　　　修時，便是依分別心而假立幻相。


所取體性不得成　　能取心亦不可得
無執寬坦境中住

【釋】　　由此段起，說離異門勝義境，亦即入法性境
　　　　　界。

　　　　　行者欲離異門勝義，須先抉擇「所取體性不得
　　　　　成」，如是即可決定「能取心亦不可得」，由
　　　　　是住於離二取境中。

　　　　　或有人會認為，只須離二我便即是離二取境。
　　　　　但卻須知，離二我而覺，絕不同離二取而覺。
　　　　　由決定如幻而說離二我，因為「人我」如幻，
　　　　　「法我」亦如幻。然而，行者必須依意識來認
　　　　　知如幻，但離二取則與意識無關，因為行者不
　　　　　是依如幻來決定離二取，只是依無實事（體性
　　　　　不可得）來決定，所以便不須依意識來決定離
　　　　　二取。這就是說，行者即使依假立亦可決定二

　　　　　　無我，但卻必須依實事才能決定離二取。

如是住於此境時　　內外顯現仍得見[5]
然於無執勝義境　　一切假立施設法
本來不生亦不滅　　遠離能取與所取
平等住於等性境　　遠離有無等承許
於離言義之本性　　絕諸猶疑起覺受
此乃諸法之法性　　亦即離異門勝義

【釋】　　行者住於離異門勝義境，仍見內外顯現，此時
須作抉擇，然後決定一切假立施設法本來無生
無滅，遠離能取所取而住於平等性，是即由如
來法身與法身功德而決定，認識如來藏思想的
行人，當能依如來藏見地（大中觀瑜伽境）而
作抉擇與決定。其詳，可參考腳注5。

別別內自證所證　　即無分別等引智
於此境界作串習　　空性緣起成雙運
二諦無別實相義　　是即大中觀瑜伽
此義遠離心行境　　若能憑藉無二智

---

5　有等行人誤以為現證空性必須遮撥一切顯現，故以顯現為所對治，然
而尊者於此鄭重指出，修道無須作意於對治、遮撥顯現，而應通達一切
顯現皆為自顯現，皆為法身功德（依大圓滿道名言，則說為「本覺之力
用」rig pa'i rtsal）所現，行者但須無作意、離名言而見一切顯現之如如
本性，是即「唯心所自見」。敦珠法王指出，大中觀實即「有相中觀」
（snang bcas dbu ma），此即《入楞伽經》偈頌品第257頌之密意：「由於
得超越唯心，彼亦超越無相境，若安住於無相境，是則不能見大乘。」
（依談錫永譯）

疾速現證此深義　　當修密咒道口訣
此乃中觀道次第　　究竟甚深之要點

【釋】　　行者觀修法性境界中，別別得內自證智，是名
「無分別等引智」，此智境可說為空性與緣起
雙運，空性是如來法身，緣起是世間顯現，此
顯現須依如來法身功德而成，所以空性與緣起
雙運，實即如來法身與法身功德雙運，由是證
成二諦無分別實相，因為無上勝義必為如來法
身，無上世俗必為如來法身功德，除此更無能
上者。此無上勝義世俗雙運，若依密咒道口訣
而修，當能疾速現證（本書所說的禪修即依密
咒道口訣）。

首先淨治諸行已　　次第依覺受抉擇
決定現空為如幻　　由此悟入無破立
般若波羅蜜多界　　平等性中得解脫

【釋】　　此處簡括觀修口訣，說觀修次第。

1、淨治諸行後依次第抉擇；

2、次第覺受抉擇相，決定現空如幻；

3、繼而抉擇如幻相實不生不滅，故無破無
立；

4、如是離二取而入般若波羅蜜多界，現證明
空，生起覺空；

5、依般若波羅蜜多界作抉擇，由諸法生起而
悟入現空，如是現證平等性，即由覺性覺
知，一切法平等，因為都是在如來法身上
藉法身功德而生起，是故平等。

這是基於實事而生起，而不是基於無實事的假
立，如是在平等性中得解脫。

這段頌文，與上來所說禪修諸篇相結合，便知
道觀修時如何抉擇與決定，從而得到現證。

　　若因乾渴而受苦　　僅知何處有水源
　　實不能除乾渴苦　　親自飲水方能除
　　解悟覺受亦如是　　此乃經教中所說
　　是故繁瑣之理論　　僅為徒勞之枯思[6]

【釋】　　此說知道理論，知道見地，還必須實修，此即
　　　　釋迦所言的「說食不飽」。

　　　　中觀甚深導引以超越名言句義故，得以超越諸
　　　　宗依種種理論及因明理則建立之宗義，此即印
　　　　度中觀應成派之所為，能如是，行者依次第觀
　　　　修即能成就，是即不為依宗義建立的繁瑣理則
　　　　所困，觀修時能作抉擇與決定，即不落於此困
　　　　於一境之枯禪，更能易得摒除陷入安住分之寂
　　　　止。

---

6　尊者於此實針對於藏土有等長年乃至終生耽著於繁瑣之因明理則者而
　　說，彼等飽學經教而輕於觀修，故實難令自心相續真正契入所學見地。

於此無須輪番修　　只須如上次第修
即可速得深法忍　　我文殊歡喜金剛[7]
於水龍年十一月　　二十九日暢寫竟
祈願一切有情眾　　普證甚深中觀義
願吉祥！ maṅgalam

【釋】　論主作結，強調此法不須輪番串習，僅依次第
　　　　觀修即可，所謂「輪番串習」，即是先獨立修
　　　　一次第，修至自己認為成熟時，始入下一次第
　　　　觀修，如是即不應理，必須一次觀修即修全部
　　　　次第，對上來所說的禪修，亦須如是作，這是
　　　　很重要的口訣。

　　　　最後論主並作回向。

## 【釋者結頌】

依此甚深大中觀　　抉擇決定成瑜伽
證得無上二諦義　　是即二種菩提心
如是而證瑜伽行　　即與佛智成相應
釋論微少之功德　　回向眾生諸吉祥

　　無畏金剛於西元二零一九年，歲次己亥冬月，作按語
略釋此甚深導引法畢，並於西元二零二零年，歲次庚子秋月
略作修訂，圓滿吉祥。

---

7　'Jam dpal dgyes pa'i rdo rje，不敗尊者別名。

# 辨別無渙散
# མ་ཡེངས་པ་སོགས་ཀྱི་ཤན་འབྱེད།
## *Ma yengs pa sogs kyi shan 'byed*

佚名　造

楊杰　譯

談錫永　釋

【釋】　本論造論者已不可考，然以其篇幅短小而所含口訣甚深，當屬具證上師所造，故康區甯瑪派上師多珍重此論，常配合口授以導引已有「且卻」（khregs chod，立斷）修習基礎之行人。

凡大圓滿修習，若無上師口訣指示，則頗易落入歧路而生蓋障，故須謹慎辨別，本論即以「無渙散」（ma yengs pa）為核心，是辨別四種正道與歧路。

**單純之無渙散相絕非真正之實相，通過與晝夜之心相續融合，無渙散即有四種形式。**

【釋】　論主首先指出，但求無渙散，不能證得真正的實相。

行者觀修須「與晝夜之心相續融合」，即指由觀修而得境界，晝夜心識行相無間而住於此境界。縱能如是，但若認為單純無渙散即是寂止，所證即非實相。

無渙散的境界有四種形式，下來即有詳說。前
三種無渙散境界，皆為歧路，一般行人必樂於
此種境界，以為已證「無相」，甚至以為已能
證覺，此即落於歧路而不自知，是故本文即加
以辨別。

# 一、根本未成寂止之「無渙散」。

　　此可名爲「平等無記」（btang snyoms lung ma bstan），亦
可名爲「愚癡之寂止」（zhi gnas zhi lkugs），行者安住於此
「無渙散」境界，即對身旁所發生之事、自己所做之事皆無
所知。過後憶念時，對當時處於何種狀態、歷經幾許時長，
亦無所知，此實停留於不經心（han ne）的境界。若住此境
界加以串習，且將「不經心境界」晝夜相融合，串習程度愈
深，自心相續則愈蒙昧、愈愚癡。若無戒律與善友，往後將
轉生於心中具有安住分（gnas cha）之旁生道。

【釋】　　此種禪定，即誤以無渙散為寂止，故實不能稱
　　　　　為禪定。現代許多人教授禪定，其實只是教授
　　　　　單純的無渙散。

　　　　　觀修唯無渙散，可落旁生道，旁生道即畜生
　　　　　道，畜生的心相續行相即以安住分為其自性，
　　　　　是故畜生皆依習慣而生活，如雁必成人字而
　　　　　飛、燕必歸舊巢而住等。此即應知，輪迴而成
　　　　　種種相，實皆由心造，故《華嚴經》有一偈
　　　　　云：「心如工畫師，能畫諸世間，五蘊悉從
　　　　　生，無法而不造。」若輪迴者的心識，長期樂

於安住一境而成無知，所觀修及成晝夜心識相
續者，便都是由心造安住分，如是即為輪迴成
畜生道的心相續狀態。

## 二、唯修寂止。

經由覓心而觀察（心之）生、住、去（byung gnas 'gro），
由是住於一無所得、遠離生滅住（skye 'gag gnas）三者之空
性。然而未能對空性生起決斷，故名「唯念」（dran tsam）、
「唯覺」（rig tsam）[1]、「唯明」（gsal tsam）。若問其境若何，
彼即答言「出現無法言喻、具明覺（gsal rig）覺受之安樂」。
此為真實之寂止體性，行者若對其加以串習，則亦能晝夜相
融合。然而此非勝觀之智（lhag mthong gi ye shes），非心之本
性，非證悟，僅為一切世間禪定之根本，此即所謂「勝觀之
因乃寂止」。

大圓滿乃見上觀修之宗，故而除修習如如本覺之禪定
外，無須單純之寂止，因此，唯修寂止並無極大之必要。

【釋】　　覺是心的功能，生起覺受，便會同時生一心相
　　　　續的行相，是即覺相。若此覺相唯依心識的覺
　　　　受而起，便只是凡夫心的功能相，必須離眼耳
　　　　鼻舌身意等六識而起覺受，尤其是離意識的覺
　　　　受，然後才能以此清淨心覺於本然，此覺即稱
　　　　為本覺。

---

1　此處之覺（rig）非指本覺（rig pa），而是泛指仍落於識境之覺知，此可
　稱為念知。

若行者但求寂止，此如修「且卻」者，未能證得究竟清淨光明，而唯住於寂止，則此寂止反能成為進一步證入法性的障礙。其甚者，由觀修亦可因建立安住分而成畜生道。

## 三、於阿賴耶識上晝夜融合（kun gzhi'i rnam shes steng du nyin mtshan 'dres）之傳規。

前所修寂止之明覺覺受消散後，即入於無我執因（bdag bzung byed rgyu）之廣大空境，於此境界中串習，即可與晝夜之（心）相續融合。此中，除單純空分之廣大覺受外，毫無自生本覺之明分（gsal cha），行者有如昏厥。

就心與本覺二者而言，以上三種無渙散中任何一種，皆唯屬心之安住分（gnas cha）而已，並非本覺，對此須加以明辨。[2]

【釋】　證本覺心的境界，可說為「明空」，是即空分與明分雙運。此中明分實為如來法身功德之一分。依如來藏思想而言，如來法身實即本覺的覺境，所以此明分亦即本覺境界的功能。有此功能然後才能對世間一切法作區別。若行者不觀修此功能，即不能生起明空境，如是即不能由明空境中生起覺空，他之所覺，唯是覺無我執的境界。此無我執境必非由證悟如來法

---

2　「辨別心與本覺」乃口訣部四大辨別之第一支，對於四大辨別之概述，可參攞洲所造《淨治明相》，見談錫永導論《無修佛道：現證自性大圓滿本來面目教授》，頁215-217（台北：全佛文化，2009）。

身而生起，極可能是依着「空」這個概念而
起（且其「空」的概念，實依着無我執這個概
念，住於無我執的意識中），那麼便是依意識
而成寂止，整個心識依然受阿賴耶識轉起。所
以行者實在是有如落入一概念境界中昏睡。

## 四、光明與（晝夜）相續融合者。

對於前述唯空廣大境之貪執，得以清淨後，自生智即
如大日升空（智光莊嚴相），其體性乃遠離一切戲論之空
性，然其非片面之空性。彼與本覺智無二，以其無所不知，
故為本智，以其無所不覺，故為本覺，所謂「本智」，其意
即具法爾覺知之自性。彼與心識不同，不觀待於對境，無任
何粗細之二取與實執，猶如水銀墜入塵土般，各各分明，[3]
所謂「自生本覺」亦與此同義。

欲實修此要點，若心識僅具「唯明唯覺」之覺受，則
無利益；空若虛空却毫無本覺分（rig pa'i cha）之廣大空境
亦無利益，故須掌握明辨心與本覺之要點。

心之自性者，乃如水塵相融般與對境相融，且於對境
產生貪著與頑固之執著。若無對境，則心不能生起分別念，
故須有對境，心始能生起刹那刹那之生滅相，是即心相續
相。本覺智則不觀待於對境，無對境而自明，即使了知對
境，亦除了知外，於對境無任何執取，無任何頑固之貪著。
了知（對境）如夢如幻，了知（對境）皆爲本智自身之力用

---

3　水銀墜入灰塵中，却不與灰塵相雜，不為灰塵所染，此即喻自生本覺雖
　　能覺知一切，却不為對境所染，於對境不起任何執著。

遊戲（rang rtsal lam rol pa），遂於了知之當下，剎那（對境）即如水面作畫般隨畫隨散，於本覺上自顯現自解脫，由是得以清淨。

　　對於以上所說，切勿落於概念思維之認知，須基於自身之覺受加以辨別！

【釋】　　欲明此段所說，必須先對本覺有所了知。凡由眼耳鼻舌身意等識所起的覺受，都不能稱為本覺，因為其所覺並非本然，只是依眼等識而覺的境界。譬如唯依眼識而覺，所見一切便都是眼性，有如依鏡而見鏡影（站在鏡的立場來見鏡影），所見一切亦必為鏡性。本覺超越六識而覺，所覺的才是本然境界，於境界中唯依明分而作區別，所以說為明空雙運，由是本覺所覺的境界才是實相。實相者，離名言概念而覺知、離眼耳鼻舌身意而覺知，是故可無對境而覺。若不離六識而覺，尤其不離意識而覺（說為「阿賴耶識所覺」），則非有對境不可。彌勒瑜伽行派說此所見猶如見石垛人，即如所見並非真實。


此乃余於具恩上師前親聞。

## 具證長老直指心性教授・除暗明燈

རྟོགས་ལྡན་རྒན་པོ་རྣམས་ཀྱི་ལུགས་སེམས་ངོ་མཛུབ་ཚུགས་ཀྱི་
གདམས་པ་མུན་སེལ་སྒྲོན་མེ་བཞུགས་སོ།

*rTogs ldan rgan po rnams kyi lugs sems ngo mdzub*
*tshugs kyi gdams pa mun sel sgron me bzhugs so*

不敗尊者　造

楊杰　譯

談錫永　釋

【釋】　本篇為不敗尊者專為「在家咒士」而造，在家
咒士者，即專修密乘道之居士眾，彼等聞法之
機會比出家眾少，且未能時時接近上師，是故觀
修時即多缺失，且不知要領。尊者慈悲，故造
本論加以指導，此中實含許多祖師口訣與加持。
現代在家咒士漸多，願能研讀本論，入實修道。

### 頂禮上師與文殊智慧勇識

無須精勤廣泛之修學　　依口訣規護持此心性
在家咒士大多無困難　　達持明地即此深道力

【釋】　所謂「護持心性」，實即令心起明覺。由上來
說禪修諸篇可知，此即於明空境界中生起覺
性。明覺本然，然而於凡夫無明心性中即不顯
露，故修者須先入明空境，此時已可說為護持

心性。住明空境時，明覺即可生起。如是於覺
空中現證現空，至究竟時，即可說為由本論所
指示之深道力達持明地。


自心自然無念而安住，復以「念」（dran pa）維持此狀
態時，將生起中立無記且昏昧不明之心識。於此尚未生起明
辨彼此之勝觀時，諸多上師將此（心）分命名為「無明」
（ma rig pa）；於此，將不能明辨彼此，且不知言說之心
分安立為「無記」（lung ma bstan）。如是，則為平庸安住於
阿賴耶之狀態中。

【釋】　　上來說禪修諸論，已說行人應以「念知」來覺
　　　　受念頭，故說「無念」並非絕無念頭生起，實
　　　　為前說「念念分明」的境界，如是念頭即能自
　　　　顯現自解脫，此即是「自然無念」。

　　　　如是修習，易成「平庸安住於阿賴耶之狀
　　　　態」，所謂平庸安住，即是行者唯修寂止，未
　　　　修勝觀，如是心態可名為「無明」及「無
　　　　記」，故說為平庸。

　　　　以未生起覺性光明（未起明覺），故稱為無
　　　　明；以未能明辨是非，即未能明辨「言說」與
　　　　「密意」，故稱為無記。


依如此之安住法，復應生起無分別智。若不生起明覺自
性之智，則非修習之正行（dngos gzhi）。如《普賢願文》
（dPal kun tu bzang po'i smon lam）云──

絲毫無念昏昧昧　此即無明迷亂因

【釋】　平庸安住於阿賴耶時，心的意識已不起，亦
　　　　即，行者已能遠離眼耳鼻舌身意的覺受而起念
　　　　知，因已離阿賴耶識而成阿賴耶，大多數在家
　　　　咒士即以如是安住而自足，於是「無明迷亂」
　　　　即由此「無念」狀態之昏昧境界而生。故行者
　　　　必須由覺空境生起現空境而作「勝觀」，如是
　　　　生起無分別智，此即「明覺自性之智」。這是
　　　　重要的辨別。


　　　如是，若心能覺察此無所念且不散逸之昏昧心識，則將
能知對境之心分與安住於無念之心分，置於自心而自然觀照。

【釋】　如何勝觀，本段論文即示以重要口訣，此即：
　　　　行者先須覺察心識昏昧。由於昏昧的心識是
　　　　「無所念且不散逸」，這種狀態實為歧路，但
　　　　許多行人卻以為自己已修成「寂止」，甚至有
　　　　些上師還許可這一種實為歧路的寂止，此可由
　　　　本書中〈辨別無渙散〉一文而知其錯誤。此際
　　　　即應正修寂止而入勝觀，是即此文中所說的第
　　　　四種無渙散，讀者可以參考，並結合禪修諸篇
　　　　來認知。

　　　　當能覺知昏昧心識時，由正修寂止而入勝觀，
　　　　論主對此示以正修勝觀的口訣，此為將「能知
　　　　對境之心分」與「安住於無念之心分」，自然

而然置於心中。所謂「能知對境之心分」，即是「念知」；所謂「安住於無念之心分」，則是強調此念知不落名言句義而知、不落六識覺受而知，故二者皆實為念知而已。敦珠法王於〈心珍寶〉一文說禪修時，說言：「若行者能恆時住於念知相續中則已足夠矣」，即是此意。此住須自然安住，不加作意，唯觀察念頭的變異、亦即觀察念頭的自生起自解脫，此等觀察即是勝觀，若有作意，例如作意於宗義（如作意於空性等），則非勝觀。無作意而離宗義，才能自然而然。這時便須記憶禪修諸篇所說，見地只用來抉擇與決定，不是依見地來觀修。

　　遠離雜念之覺性通透而無有內外，如澄明之虛空。雖能受與所受無二，然自我已對自性作決斷，從而生起除此之外別無其餘之心念，故可安立其名為「離邊」、「離言」、「基位光明」、「本覺」。由認識自性而現起之本智能令昏昧之黑暗得以淨除，猶如天明即可見家中諸物，遂於自心之法性生起決定。此即名為「開啟無明蛋殼之口訣」。

【釋】　本段所說承接上來觀修，說如何破阿賴耶的無明而證法身，為一重要口訣，「開啟無明蛋殼」。此為具證長老所指示，亦即是祖師所指示。下來更有兩口訣，亦同。

　　依上來修勝觀，即能覺「無雜念之覺性」生

起，且能生起覺性光明，這光明非由行者造作而成，實自然而然而顯現。在網上有人教授觀修法性光明，有些教授實入寂止歧路，有些教授則僅為依作意而觀想光明，這便違反了本論所說的「離邊、離言、基位光明、本覺」等句。

於自然觀照時，明覺即能生起。論主說其境界為：「通透而無有內外，如澄明之虛空。」這才是住於明空境中生起覺空的真實境界，故此際已離二取。此點實為破無明的關要。

何以說此為離二取，此應次第而說。其初，因行者有受與所受無二的心境，此心境僅能離二我。是即以「受」為「人我」，「所受」為「法我」，二者無二即離二我。其次，行者雖離二我，但尚未足，必須能離二取。故行者離二我後，尚須對覺的自性作決斷，是即可超越離二我而成離二取。離二我未「直指於自性」，離二取則成直指。讀者可重閱筆者所說「離二我不是離二取」一段文字。

行者由是生起決定（斷定於自決），「除此之外，別無其他心念」（這樣便知道為甚麼要離宗義了，因為宗義即是心念）。此決定其實亦是念知，不過已是念念分明的靈動念知，所以便跟雜念不同。能如是生起決定，即能認知「念」的自性，無非都是覺性的變異。

　　如是證悟時，則知如是法性乃自然本具之無為，非依因緣（合和）所成，且三時無變遷，除此之外，別無微塵許名為「心」者可得。

【釋】　　生起覺空後，尚須將心識與外境建立為現空，於時，可說行人住於明空境界中生起覺空，復於覺空中生起外境與內識的現空境界，如是在三無分別的唯一境界中，法性光明即能了然生起，此亦自然而然，故說「自然本具」，亦可說為一個超越因緣的「無為」境界。此法性超越因緣、超越三時，除此心性外，別無名為「心」者可得。這亦是破除無明後，離無明而認知外境與心識，說為「後得」。

　　先前之黑暗昏昧雖離言詮，然其為一無所知之離言說，故不能作決斷；明覺雖亦離言詮，然其於離言之義無有猶疑，故可決斷。此二種離言說之情形恰似無目與有目，差別甚大，阿賴耶與法身之區別亦攝於此關要之中。是故，所謂「平常心」、「不作意」、「離言說」等皆有真實與虛妄二種，若於此名同而義異之要點得決定，即可對甚深法之密意獲得體證。

【釋】　　由此段起辨別歧路。

　　　　　《三金句》言「斷定於自決」，如何始為「斷定」，論主即指示言，昏昧心識實為一無所知的狀態，故不能作決斷，由明覺則能作離言之

決斷。論主喻前者為「無目」，後者為「有目」。

復次，作斷定須辨別阿賴耶與法身，阿賴耶未與法性相融，若阿賴耶融於法性，始為真實的本覺，其覺性所起的本智即是如來法身。本書收錄〈甯瑪派說「阿賴耶」〉一篇，便是為了幫助行人能作此辨別。

自然安住於心性時，有人唯護持「明」（gsal）與「覺」（rig），遂住於意識造作之澄明中，有人心執於頑空，猶如心識已被空掉，此二者無非是以意識分（yid shes kyi cha）貪執二取之覺受。明與執明者、空與執空者之心識即執念之相續（dran 'dzin pa gyi rgyud）。

**【釋】** 此處作兩種辨別——

一者，當能安住於心性時，有人刻意護持「明」或刻意護持「覺」，因刻意護持即是作意，故已非安住於阿賴耶而本然與法性相融，因有作意實為住於意識分，意識分不能與法性相融而起自然本智法身。

二者，行者執於唯空的概念，將安住心性的境界視為空性境界，如是即無法於覺空中生起現空，因為他們不知道外境與心識的心行相，其本質實為現空，如是即失去了世俗菩提心而成頑空。說其為「頑」，是因為行者頑固地壓制

本然的心行相，失去對世俗的念知。

此二者，論主說之為「以意識分貪執二取之覺受」，此覺受基於二取而成，故違法性與法身，僅為頑執念頭之心相續。


此時應觀此相續之本性，將貪執二取之心識所依釘楔拔除後，即可對赤裸昭然、明空、遠離中邊之本性作決斷，且現起清明澄澈之（境界），此即名為「本覺」，亦即赤裸顯現之本覺智，遠離具執著之覺受外殼。此乃「斷除生死網之口訣」。

【釋】　　行者若落此兩種歧路，則應觀察此心相續之本性，以未離意識故，此相續本性尚未成阿賴耶境界，因有意識分別，只可說是阿賴耶識境。此際應遠離貪執二取之心識，自然而然安住於念知即可遠離意識。遠離後，始能由覺空赤裸昭然決定明空，同時由覺空遠離中邊決定離二取之現空。如是現空、明空、覺空三無分別而現證本覺境界。因由本覺智遠離二取覺受外殼，故為「斷除生死網之口訣」。


如是，本覺遠離種種伺察覺受之外殼，猶如脫殼之穀粒，當依法性之本性自明對其作辨認。僅僅認識本覺並不足夠，應於其狀態中作串習，從而令止分（gnas cha）得堅穩。心識自然安住，護持念之相續，無有渙散，此極為重要。

【釋】　斷除生死網後，行者即住於本覺。此時須知「遠離種種視察覺受之外殼」，始為本覺。本覺自明，是為法性之本性自明，如是明空境界即得於覺空境界中安穩，由是即能辨別本覺。

既辨別本覺，行者即應住本覺境界作串習，於是寂止堅穩，無有渙散，這才是究竟的「止」，若以為已起本覺即無須串習於「止」，實不應理。今時有人教授觀修，說生起法性光明後即不須寂止，那麼法性光明便不能周遍，此光明相只是一心行相而已。如是即不能對本覺作護持。

　　如是護持時，或生一無所有之凡愚無念，或生勝觀澄明分之通透無念，或具樂受之貪執，或無樂受之貪執，或具種種明分覺受之執著，或生澄明無垢離執著（之覺受），或生粗重不悅之覺受，或生柔和悅意之覺受，或因猛烈分別之巨大障礙而欲放棄觀修，或因不能辨別昏昧與澄明而具染污（之覺受），此等覺受之生起，皆因無始以來種種串習與業風之波浪，無可決定與掌控。

【釋】　此處指出護持的歧路。

於甚深寂止護持本覺時，行者有種種心相生起，論主舉例說，此如「凡愚無念」或「通透無念」；「具樂受念執」或「無樂受貪執」；「種種明分覺受之執著」或「澄明無垢離執著」；「粗重不悅之覺受」或「柔和悅意之覺

受」；「由分別而生障礙，於是放棄觀修」或
「不能辨別昏昧與澄明」，如是種種，此皆由
行者夙生串習與業風所成，所以行者不應落於
此種種任一境界。此如，即使生起通透無念，
亦不應住。若一旦堅住，實亦等同堅住凡愚無
念。指出此等歧路，對行者甚為重要。

為甚麼連好的相狀都不能住呢？此則應知，所
謂好與不好，只是行者自己的偏見，下來即說
此理。


　　猶如遠行途中，見諸悅意與險峻之境，無論顯現何種
（境界）皆勿專執，而應護持自道。尤其於尚未熟練之時，
種種分別如火熾燃，遂生動搖之覺受，此時不必煩躁，而應
鬆緊適中，不捨念相續而相繼護持，由是即可逐漸生起「得
受」等後續之種種覺受。

【釋】　　論主言，此如於遠行途中，無論見悅意境與險
　　　　峻境，皆不應專執，如是始能護持所行道路。
　　　　故行者於護持本覺時，切忌依見好見歹而執着
　　　　持受。尤其行者未熟習時，一生好歹分別，且
　　　　依之作取捨，便隨即生起動搖的覺受，於是即
　　　　失去本覺。

　　　　於此際，行者唯持「念知」即可，由知一切覺
　　　　知境界的念頭，實都是本覺變異的遊戲相，如
　　　　是即能成熟，逐漸生起下來所說的覺受。

　　總之，此時應依上師口訣，於實修基礎上辨識（正道與歧路）、決定本覺與無明、阿賴耶與法身、識與智之差別。水若不晃動，則可得澄淨，同此，於護持之時，須令心識安住於本位，從而令其法性本智昭然自顯現，此口訣當著重行持。不應伺察自己所修者為識抑或為智，從而作取捨；亦不應反覆對照經論而作思辨，彼於止觀二者皆略有所礙。自然安住之念流得堅穩後，將此寂止串習分與自明自覺本來面目之勝觀自然融合，若以此方式串習至堅穩，則可生起自然本住、自性光明之止觀，亦即本來無別之自生智、大圓滿之密意。此乃「安住於如虛空之平等性」之口訣。

【釋】　　行者於本覺的念知境界中，首先須辨別正道與歧路。此即辨別本覺與無明；阿賴耶與法身；識與智等差別相。此等辨別，非同上來所說之分別執着，故無動搖覺受生起。心識安住於「念知」，法性本智即能自顯現。

　　　　接着，行者即應重於行持中護持本覺。如何護持？一者，於行持時，行者當生起疑惑，自己所行會牽涉到對所修法門的尋伺；二者，於行持時，行者可能翻閱種種經論，來檢查自己行持的對錯。此二者所為便又落於取捨。行者只須安住於靈動的「念知」，於穩固時，「念知」自然成為「覺知」，是即能令「寂止分」與「勝觀分」自然融合。所謂「勝觀分」者，即自明自覺本來面目。

　　　　此為「安住於虛空之平等性」之口訣。

至此，論主一共直指三個口訣，如是即已入如來藏境界，是即修大圓滿道之果。筆者於此作一總結——

不敗尊者於《獅子吼說如來藏》一論中，引《寶性論》一偈頌：「佛法身周遍，真如無差別，具佛性有情，是即如來藏。」此中首三句說如來藏，即與說此三口訣相同。

頌言：「佛法身周遍」，即說「開啟無明蛋殼之口訣」。行者生起明覺，藉覺知如來內自證智境周遍法界，生起光明破除無明。

頌言：「真如無差別」，即說「斷除生死網之口訣」。行者明辨阿賴耶與法身，復能令阿賴耶融入法性，是時起本覺現證真如，一切法於心性中自顯現自解脫，如是由自解脫而斷除生死網。

頌言：「具佛性有情」，即說「安住於如虛空之平等性之口訣」。有情皆具佛性，是故平等，其實一切法的顯現相，亦皆以如來法身的空性為自性，是故平等，如是離取捨，即能安住於如虛空平等性中。

依此總結，即知依此三口訣，即依止如來藏。


復次，吉祥薩羅哈尊者所說之「能思所思盡捨離，無思而住如嬰孩」乃指安住法，「專注師教精進修」意為具足

指示本覺之口訣，「無疑生起俱生智」者，指生起本初即與
自心俱生之心法性，亦即本覺自生智，其為原始真實之光
明，與諸法之法性無異。是故，此自然安住之方式，以及護
持自明之本覺、心本性或法性之方式者，乃攝百要為一之口
訣，當常作護持。

【釋】　本段依薩羅哈尊者之說，強調「自然安住」；
　　　　強調行者須知指示本覺之口訣，如是精進觀
　　　　修，即能生起俱生智。此俱生智為本然的心
　　　　性，故行者之觀修與觀行，皆須自然安住，以
　　　　及護持自明本覺。如是，即為唯一口訣。

串習之量應依夜間之光明作認定，正道之徵相當依自
然增長之信心、悲心與智慧等而了知。其方便與易行當依自
身覺受而了知，其甚深與迅捷者，應由參照其他須極大精勤
之道，並與其修道者比較證量而決定。觀修自心光明所得之
果者，即（心光明）中之分別與習氣垢障自然清淨時，將無
勞而圓滿二種智，得本初之恆常位，且任運成就三身。

【釋】　本段指示行人如何認定自身證量。初，須認定
　　　　串習量，此以夜間（無燈光）所見之光明而自
　　　　行決定。光明少，甚至不見光明，即應增加串
　　　　習量。次，能入正道之量，可由行者之信心、
　　　　悲心、智慧等而認知。復次，行者修道時，是
　　　　否方便與易行，則由自身覺受而認知。最後，
　　　　行者觀修是否能入甚深道，是否能迅捷得利
　　　　益，可參照他者道法及與他者比較而知。

　　至於觀修果，即是由修持與行持自然清淨分別之垢障，與習氣之垢障。於心光明究竟清淨時，即能圓滿根本智與後得智。行者於時即得現證心性本具之如來法身與法身功德（本初恆常位），且能任運現證法報化三身（無作意即是任運）。

　甚深！秘密！三昧耶！

　　第十五勝生週，火馬年（西元1906年）一月十二日，特為不能精進於聞思，又欲修持心性之在家咒士等，以易解之語言宣說諸具證長老之甚深實修竅訣。

　　不敗文殊金剛造。善哉。

　　願吉祥 maṅgalaṃ

## 【釋者結頌】

　　直指三口訣　　得大圓滿道
　　依口訣修行　　得如來藏果
　　長老所說者　　皆祖師心血
　　願得飲血者　　感恩而起信

　圓滿吉祥！

# 大圓滿道觀修禪定法要

敦珠法王無畏智金剛　傳

弟子無畏金剛談錫永　造並釋

**【釋】**　筆者於教授敦珠法王說禪修後，有弟子問言，是否可以為初基說得具體一點，筆者答言，於教授忿怒尊修法時，即可依儀軌而作禪修，那就具體了。現在只能依法王對我的教授，對禪修的脈絡加以排比，那麼或者就會認為具體，由是即寫成這篇，所依為法王教授筆者時，筆者所作的簡單筆錄。教授時，劉銳之上師有部份時間同時聽法，他亦是我的灌頂上師。法王說禪修後，即傳我們兩人以普巴金剛法，並囑咐可據此以作禪修。劉上師深得普巴金剛法要旨，此後即成為他的基本修習。

## 甲一、前行

身放鬆，語不動，意專一於無所緣。

初，知出入息以持心。至心靜定時，不作分別，無作意以持心。若能無念（不住名言句義，不住心識覺受，亦無取捨希冀），則覺知自然生起。

若能至此，已入心一境性。

【釋】　上根作前行法，已能入「心一境性」的住心。若非上根，很難入無念境，修前行便不能自然生起「覺知」，但必可成就「念知」。本書已有諸篇說念知，此處不贅。


# 甲二、正行

## 乙一、觀修本覺

明空之覺，即是本覺相。說其為明空，則以其能區別而不落分別，是故光明自然顯露。

【釋】　說「本覺相」，未說為現證本覺。


能住明空境界，非不見外境，唯不作意而見，且能離言及離心識覺受而見，此已能於光明自然遍照中起覺知，如是即起覺空境界。行者於此境界中禪修、心緣一切事相，如緣虛空中之雲彩，是能決定明覺境界即是如來法身上識境自顯現，如是即為觀察現空。由是得成明空、覺空、現空三者無分別心性，即是本覺。

【釋】　此處說得簡略，因為法王說禪修時已詳說，今不贅。


## 乙二、察知本覺

1、行者若不須有所緣而等持，則可於心一境性中專注心明點而入等持。

2、若須所緣境，則彈指自成普賢王佛父母雙運身。住無雲晴空中，心光明周滿。

3、倘欲更須事相，則修忿怒尊等持，因此等持可入本性。

此時，等持之覺應即為明覺，倘有疑慮生起，不須作意清除，只須不作意住相，不以心轉境，但自然安住，即能令一切障礙自生起，自解脫。

於能無所緣而覺明覺之境時，即能離分別離戲論而見心法性。但這不是用眼去見，只是「心見」。

此時即已覺察覺性。此即無作意之修。

【釋】　行者觀修是否已證本覺，本段所言即可察知。

　　　　本段說上中下根三種等持，已說得十分具體。上來決定「於能無所緣而覺明覺之境時，即能離分別離戲論而見心法性」，能得此決定，必須由下根轉為中根，中根轉為上根始能得。是故行者必須串習觀修，由串習始能上進。

## 乙三、觀察心境

行者於此時極易犯錯。故須作如下觀察。

不可追求「空」的境界。因為明覺的境界已是明空無二境，故更無一空性境可以追求。

不可作意住於明覺，若作意，則六識皆受限制，此明覺境亦轉變為心識受縛的境界。故行者只須心任自然，任由

心識活動，但不住於其活動境相即是修持。

不可追求一自以為清淨的心識妄相，如光明相、輕安相等等。倘如等持消失，可再作前行，再察知本覺。

不可設法維護明覺境。一有作意，立刻墮入分別識境。

【釋】　初得明覺生起，行者極易犯錯。此等錯誤皆由執着而成，當察知心境有此種種執着之任一時，即須放任自然，安住於念知中，令執着的念頭自生起自解脫。

## 乙四、保任本覺

可用大手印定。

任念頭生滅住異，不追隨亦不阻止。唯心所自見，如是而見。一切所見如嬰兒觀佛殿。

安住意念動態中而不作意思維，更不縛心，一如婆羅門撚綫，任其鬆緊自然。意念或鬆或緊，皆應放任自然。鬆者，即意念動盪；緊者，即意念停滯。不鬆不緊始為正修。

若昏沉，則如見燈明燄，燈光動而燈焰相續，如是無對治而對治昏沉；若掉舉，則心如安住於無波大海，只見其相續相，如是無對治而對治掉舉。（昏沉即是呆滯，掉舉即是渙散。）

離我見我慢，如死屍。此即說：無能修之人，無所修之法，無觀修果可得。

無三時，但住於「當下」而成自然無念，如重病人初

癒。重病之人初癒，必無作意，亦少思維，唯安住休息。

【釋】　此說「大手印定」，乃依甯瑪派的知見來定義大手印，說為：阿賴耶識與法性雙運。餘宗或非用此定義，讀者切勿因此誹謗我他。

此處五種保任，皆有設喻，讀者須由設喻來理解，不可唯依文字。

## 乙五、入大圓滿定

如是修已，即有離言真實本覺自然生起，如由暗室入日照曠野，突然顯現。於此時際，若能同時了知其為覺性顯現，則能證入真實本覺，若對此加以思維，則成妄念。

自然本覺之流露，即如來法身之赤裸顯現，不須人工整治修飾。是故此時行者應如善牧人牧香象，隨象行止，不作干預。倘有妄念，亦不須消除，此如香象亦有種種動態。故一切思維，都是法身本性。

總而言之，只須住於一清明的覺受中了別本然的物象境界，此便是大圓滿的且卻。此如老人見小兒遊戲，唯心自見，不須分辨思維，更不須理會。

【釋】　此處用三個比喻來說大圓滿定。大圓滿定是阿賴耶融入法性的境界，這不是阿賴耶識，是離意識的阿賴耶；亦不是雙運，而是融入於法性之中，如是法性即有阿賴耶顯現。法性是本然的心性，能起本然的覺性；阿賴耶是本然的顯

現，充滿生機，同時能區別。二者相融，即是
兩種菩提心，亦即無上勝義與無上世俗的同時
顯現。

## 乙六、心識自解脫

了別一切意念之本性。因由觀修已熟知此本性，故當
由熟習而至現證時，有如他鄉遇故知。

於一切心識自解脫的當下，有如蛇自蛻皮。

於此當下，同時覺一無所有，如賊入空屋。

【釋】　此處又作三個比喻，來說現證本覺的心性自解
脫。論文雖分三段來說，但卻不是三個次第，
於心性自解脫時，三者同時。

## 甲三、後行

應了悟法性光明恆時閃耀。
如來法身功德，恆時周遍。
如來法身恆時不離。

【釋】　此言行者證本覺後，無論觀修觀行皆應了知此
三事。

願善妙增長。

西元2016年歲次丙申，時正講授《決定寶燈》，寫此篇
以利益弟子，無畏記，圓滿吉祥。

# 上 篇
# 二、依忿怒尊禪修

## 傳承祈禱文觀修
## གསོལ་འདེབས
### gSol 'debs

敦珠法王無畏智金剛　造

再傳弟子大韋馮偉強　譯

弟子無畏金剛談錫永　釋

【釋】　　甯瑪派修忿怒尊法門，其果為現證本性。本性
　　　　　唯一，即是如來法身本性（釋迦將此施設為
　　　　　「空性」以說般若）。但於觀修時卻可分為兩
　　　　　種，此即依勝義而說、依世俗而說。若依勝
　　　　　義，即以如來法身為勝義，因更無一法能比如
　　　　　來法身為勝；若依世俗，即以如來法身功德為
　　　　　世俗，因更無一法能比法身功德更能建立世
　　　　　間。於修忿怒尊時，即依此建立為兩種，此即
　　　　　觀忿怒尊的本性、觀忿怒尊的世俗自性，世俗
　　　　　自性者，即是五毒，貪、瞋、癡、妒、慢。以
　　　　　此五毒的本質即是五智，如是即成無上勝義與
　　　　　無上世俗的觀修。

依此觀修，復於現證無上勝義世俗後，觀忿怒尊作世俗事業，作勝義事業，如是即能悟入唯一本性，且能由覺知起覺。故觀修忿怒尊法可以得到究竟。

因觀修的是無上勝義與無上世俗，是故行者亦須作無上皈依。無上皈依是對自性三無分別的法報化三身皈依、自性三無分別的三根本皈依、自性三無分別的三寶皈依，甚至可將三根本說為對自性三無分別的身語意三密皈依，由是，即須將上師建立為三寶總集，統攝三寶，同時攝三根本、三身、三密，這樣一來，便非對傳承作祈請不可，因為上師攝傳承而教授，是即傳承與上師無二。此外，觀修時尚須上師授予口訣，是更應感恩上師及其傳承。

不同的本尊有不同的祈禱文，此處選出觀修《摧魔飲血蓮華生機甚深成就》的傳承祈禱文作為代表，因為此法本是由法界生機成就甚深事業，是即由世俗的生機成就甚深道而證本性，故可作為忿怒尊祈禱文的代表。

廣大無邊種性主無量光佛　　悲憫寶藏伏趣主蓮舞自在[1]
眾壇城海周遍主顧鬘具力　　我作祈禱願賜共不共成就

---

1　蓮花舞自在 Padma gar gyi dbang phyug，即觀自在菩薩。

【釋】　此頌建立佛法僧三寶以作祈禱。一、以無量光
　　　　佛為佛寶，稱其為「廣大無邊種性主」，即說
　　　　佛能周遍一切世間諸種性的眾生，以功德加
　　　　持，令世間種性成就；二、以蓮花舞自在，即
　　　　觀自在菩薩為法寶，稱其為「悲憫寶藏伏趣
　　　　主」，因菩薩經常替代佛說法，演說佛的密意，
　　　　更有「普門品」說菩薩發願，化種種身以度眾
　　　　生，如是以悲憫心調伏六趣（六道）；三、以顱
　　　　鬘具力為僧寶，稱其為「眾壇城海周遍主」，
　　　　周遍壇城即周遍一切世間的僧眾，以僧眾的道
　　　　場即為壇城故。


受持勝無上秘密藏卡千母[2]　　解封不滅五界文字伏趣洲[3]
深密口耳根本傳承諸上師　　我作祈禱願賜共不共成就

【釋】　此頌建立身語意三密以作祈禱。

　　　1、以卡千母，即智慧海空行母代表意密，以
　　　　　其能受持蓮華生大士所傳的無上秘密藏，
　　　　　是能得諸佛密意；

　　　2、以伏趣洲尊者，即寶洲尊者代表語密，因
　　　　　尊者為伏藏法門的大師，「解封不滅五界
　　　　　文字」，解封伏藏而成法語傳承；

---

2　卡千母 mKhar chen bza'，即移喜磋嘉，智慧海空行母。
3　伏趣洲 'Gro 'dul gling pa，甯瑪派大伏藏師，寶洲之另名。

3、以根本傳承諸上師代表身密，彼等以上師
身作灌頂，傳授深密口耳傳承故。

一切佛智遊戲幻化舞者眾　　成忿怒尊勇伏難調行者眾
勇猛狂忿王者諸天會聚眾　　我作祈禱願賜共不共成就

【釋】　　此頌建立忿怒身的法報化三身以作祈禱。

1、以由一切佛智所顯現的忿怒尊（遊戲幻化
舞者眾）表義法身，佛智即是法身故；

2、以作調伏事業的行者表義報身，此即成報
身相的忿怒尊身；

3、以忿怒尊壇城中的諸天會聚眾表義化身，
彼等示現為勇猛狂忿怒王者，王者即易作
事業眾。

三毒色身男女天魔眾魔軍　　懷誅具力願悉皆能摧滅盡
願證自明⁴蓮花飲血吉祥身　　願得善妙十方勝利王者位

【釋】　　前三頌，建立三寶、三密、三身來讚頌，其實
都是讚頌忿怒尊，因為如上建立皆為忿怒尊所
攝，本頌即讚頌忿怒尊眷屬，說為「三毒色身
男女天魔眾魔軍」，諸眷屬示現世俗色身，故
具貪瞋癡三毒，其色身示現為男女天魔眾。祈

---

4　自明，藏文為 rang rig，即自明自覺。

請他們能誅滅一切所應受誅者，此即作忿怒事業。行者的無明、貪執、分別、希冀，以至六識的覺受，都在受誅滅的範圍之內。以誅滅此等故，行者即可願自成忿怒尊，於塵世間亦能具力如王者。

**無畏智金剛　造**

## 【譯者記】

此篇傳承祈禱文，收錄於敦珠法王全集卷十五，緊接於《摧魔飲血蓮華生機甚深成就》之後。全篇分別向佛、法、僧三寶等作傳承祈禱。有學人或生疑惑，何須對傳承作祈禱？此中之至要，實可見於龍青巴《虛幻休息》「如變化」品一頌——

> 對此心性無畏智　　上師示為自證智
> 先須心無所造作　　其次離希疑強執
> 復住離中邊空明　　至要為傳承加持
> 以及上師攝受力

此頌指出行者心本具覺性，但由於無明所礙而不顯。今由三寶總集之上師直指行者心之本明覺性，行者由是次第「自證」。初由明空離心造作，繼而入覺空境離一切希疑強執，復於現空離邊離中境界入三無分別等持境。但無論何時，行者心應與上師心及其三寶總集之傳承相應，方能圓滿成就，此為至要。須知此非依靠他力，實如敦珠法王於《摧魔飲血蓮華生機甚深成就》指出欲成就密咒道精華，行者自性，須與上師本尊無異無別。法王其後分外內密三義示之，諸學人須銘記於心。大韋記。

## 【釋者記】

西元二零二零年，歲次庚子，秋分日，釋此祈禱文圓滿，時世界疫症流行，祈請以此微量功德，能令眾生轉為吉祥。圓滿，願吉祥。

金剛句祈禱文釋義・蓮花密義莊嚴

གསོལ་འདེབས་རྡོ་རྗེའི་ཚིག་རྐང་གི་རྣམ་བཤད་པདྨའི་དགོངས་རྒྱན།

*gSol 'debs rdo rje'i tshig rkang gi rnam bshad*
*padma'i dgongs rgyan*

敦珠法王無畏智金剛　造
再傳弟子大韋馮偉強　譯
弟子無畏金剛談錫永　釋

【釋】　此祈禱文在康藏流傳甚廣，許多寺廟用此祈禱文來教授小喇嘛念誦，敦珠法王到香港時，隨從喇嘛眾每朝亦必集體念此祈禱文。為甚麼會受到這樣的重視？這是因為他是蓮師的巖藏，而且藏在蓮師到西藏時的降魔處，由是十分珍貴。目前世界大亂，我們其實亦不妨每日誦此祈禱文二十一次。

起頌

ཨོཾ་སུ་སྟི། oṃ svasti　願成就

憶師除苦如摩尼　師尊足前敬頂禮
金剛六句祈禱文　余今簡言釋其義

【釋】　這是論主敦珠法王於論前作頂禮祈禱。

《金剛六句祈禱文》[1] 其頌文如下──

鄔金上師[2]三時佛　　大樂成就世間主
伏魔忿力除障難　　祈禱加持請賜與
外內密障皆悉盡　　一切祈願自圓成

　　鄔金殊勝大樂洲[3]（所掘取）之甚深伏藏，乃一切祈禱文之精華，具鄔金上師金剛語之加持。今為（令學人）稍明其義，故余據遍智上師金剛威德光[4]之口耳教授作開示。此開示乃余之根本上師，不變了義自在[5]所親傳。

【釋】　　因珍重故，論主於釋此金剛六句前，明示所釋法義之傳承。敦珠法王之巖傳傳承，第十九世為文殊智悲自在，二十世為不變了義自在，法王為二十一世；但另有一極近傳承，第一世為大伏藏師殊勝洲，即本祈禱文之取巖上師，傳第二世文殊智悲自在及工珠無邊慧，再傳第三世不變了義自在，法王為此傳承之第四傳弟子，是為「暖」傳承。

---

1　藏文題目為 *rDo rje tshig rkang drug gi gsol 'debs*。此為蓮師於堆寶石山、大獅天岩石巖藏。由大伏藏師殊勝大樂洲取巖，彼云：「此祈禱文加持力甚大，汝等應珍而重之受持，作日常唸誦。」

2　藏文原文為 Guru rinpoche，直譯為「上師寶」。今譯作「鄔金上師」，以法王釋文多處稱蓮師為鄔金上師。

3　藏文為 O rgyan mchog gyur bde chen zhig po gling pa（1829-1870），甯瑪派大伏藏師。

4　藏文為 Kun mkhyen bla ma rdo rje gzi brjid rtsal，即文殊智悲自在（'Jam dbyangs mkhyen brtse'i dbang po）別名。

5　藏文為 'Gyur med nges don dbang po。

「鄔金上師三時佛」

外義者，於三寶，此說佛寶，亦即鄔金上師自己，以上師與一切過去、現在、未來諸佛之秘密身、語、意無異無別故。

內義者，於三根本，此說上師，即根本加持，亦即鄔金上師自己，以彼為無餘上師總智之色身，具密意、持明、口耳三傳承故。

密義者，於三身，此說法身，以其自性本初成就，具一切種成就[6]空性，以身智無分別故。

【釋】　對本句頌文依外、內、密義作三種解釋。如此解釋實有密意，因為念誦祈禱文的學人，常常會由言說事相來理解頌文，例如本句，依言說事相即可以解為「蓮華生大士（鄔金上師）是過去現在未來的佛」，這樣來認識頌文便一無是處，只是建立了事相。現在依外、內、密義來解釋，學人即不能簡單地執言說來建立事相，必須依外、內、密義來理解頌文所含的法義。

首先外義，依三寶來作外義建立，鄔金上師本人就是佛寶。為甚麼可以說為佛寶？因為上師的身語意三密，與過去、現在、未來諸佛的身語意三密無異。這是依上師本人的成就來建

---

6　據翻譯名義大集，藏文為 rnam pa kun gyi mchog dang ldan pa，梵文為 sarvakara-varopeta，可譯作：一切種成就，諸相具足，具足諸最勝。

立，是即依事相來建立，故為依外義建立。

次內義，依三根本來作內義建立，鄔金上師是根本上師。這就不是依他本人來建立了，而是因為他得到三種傳承（法身密意傳承、報身表義傳承、化身口耳傳承），總集了一切上師智，一切上師的證智都依他的教授而成就，這便成就了根本加持，亦即一切上師以智加持弟子，都必依鄔金上師的總智為基礎。如是即稱鄔金上師為根本上師。

復次密義，依三身來作密義建立，鄔金上師是法身。說為法身，是說鄔金上師的自性本然成就，亦即現證如來法身的本性為自性（可比喻為，鏡的本性是一切鏡中影像的自性），如是即成本智，證入如來法身這個智境的本然空性。法智與法身無別，如是即可因其證入法智，稱鄔金上師為法身。

如是作三種建立，行者念誦此句時，即能得三重法義，鄔金上師是大成就者（外），是大上師（內），是法身的世俗顯現（密）。這樣一來，就不會落於面貌、顏色、衣着、手印、法器等等唐卡形象來認知鄔金上師。

## 「大樂成就世間主」

外義者，此說法寶，以人天善趣一切功德，乃依上師語作饒益而得故。

　　內義者，此說本尊，即根本成就，以一切共不共成就，無餘皆依鄔金上師為因而生故。

　　密義者，此說報身，於法身雖從未動搖，但於輪涅一切法無二中受用為無漏大樂故。

【釋】　此句頌文，仍依外、內、密義作三種建立，因為若按言說事相來理解，便可能將鄔金蓮師看成是一個王者，是故可以主宰世間。

　　首先外義，依三寶來作外義建立，說為法寶。因為人天一切功德，皆受上師語而得饒益，上師語者，如其說法語、念誦語、口訣語等等，學人依上師語始能成就人天一切功德。

　　次內義，依三根本來作內義建立，說為本尊。能得一切成就始為本尊，學人依鄔金上師教導始能成就，故以上師為成就因，如是即可將鄔金上師說為本尊。

　　復次密義，依三身來作密義建立，說為報身。報身是法身顯現的色身，故依法身為基，即使示現為報身後亦不離異法身。其示現報身，自然能於輪涅二界無二中受用無漏大樂。輪涅二界無二，是因為二界皆不離法身而顯現，是故平等。周遍一切界的輪迴涅槃世間，皆由得法身功德而成立，由功德的現分而得生機，由功德的明分而成區別。如是成立世間，即是世俗的大樂。能了知由如來的大悲成就世俗的大樂，此即無漏大樂（離一切煩惱的大樂）。

　　如是作三種建立，學人即知鄔金上師之為「大樂成就世間主」，實依其言說成就，及現證成立世間的大樂而言。


「伏魔忿力除障難」

「除障難」

　　外義者，此說僧寶。以僧寶依於鄔金上師，成行者道上助伴，行者由是得以憑藉而於五道十地上，諸障礙得能悉清除，及功德聚能生故。

　　內義者，此說空行護法，即根本事業，以彼等能助諸成就者於地道上「除障難」，及於（息增懷誅）四事業上成助緣故。而空行護法亦依鄔金上師成就其諸事業，以鄔金上師為一切具如如性壇城之主故。

　　密義者，此說化身，以其弟子境相（snang ngor），無論或上、或下、或中，皆能隨順而作調伏故。彼亦能隨機而作教化，於廣大甚深秘密法中，安立一切密意扼要，於其弟子之成熟解脫道上，令其得以受用。

　　【釋】　　此句說，弟子依止鄔金上師而得除障難，其依止境相可分外、內、密義而說。

　　　　　　首先外義，依三寶來作外義建立，說為僧寶。弟子僧寶於道上依止鄔金上師，憑藉上師教導指引，以上師助力，即能經歷五道十地，離障難而得究竟。

次內義，依三根本來作內義建立，說為空行護
法。作事業者為空行護法，學人依止鄔金上
師，不只能除障難，且能於地道上成就息、
增、懷、誅等四種根本事業，以上師為一切壇
城主故，且此等為無上殊勝壇城，具如如性。
是即能現證本覺，起自然智之壇城。

復次密義，依三身來作密義建立，說為化身。
鄔金上師能隨機調伏弟子，無論根器高下，皆
能令其得密咒道之扼要，由是於解脫道上成
就。

是故，以其自性，外為三寶，內為三根本，密為三身，
及彼具一切佛之總相，為一切法之生處、一切僧之頂嚴、
一切種姓大遍主，故可憶持其秘密名稱為「伏魔忿力」。

【釋】　鄔金上師具外為三寶、內為三根本、密為三身
之自性，故說為：具一切「佛」之總相、為一
切「法」之生處、作一切「僧」之頂嚴，由是
而得成「大遍主」，周遍主宰一切種姓。如是
得名為「伏魔忿力」。

「伏魔忿力」

何以故？以其能自然調伏可怖四魔，令三秘密怨敵盡
於法界，由是自證悟自解脫。彼亦具力圓滿於四事業，其大
悲相續不斷作降伏與護持，及其憐憫則令諸有情解脫。其廣

大本智力得二種清淨[7]，煩惱所知二障及習氣於明覺法界無二中解脫。是故稱彼為「忿怒具力」。

　　由於（鄔金）上師具如上功德，故向彼作「祈禱」。

【釋】　何以名為「伏魔忿力」？以鄔金上師能調伏四魔（蘊魔、煩惱魔、天子魔、死魔），及三種秘密怨敵（二取、我執、貪瞋），且令其盡於法界。由是學人依止上師，即能離魔怨而自證悟自解脫，且能成就四種事業，是為「伏魔忿力」。上師如是以悲憫力利益弟子，即其能對弟子不斷調伏及護持故。如是，弟子成就本智力得二種清淨，於解脫中清除煩惱障、所知障及習氣。此即由上師之「伏魔忿力」而成就。

「祈禱加持請賜與」

「祈禱」

　　外義者，行者恭敬虔誠作祈禱，願能疾速得共不共成就，此即「念」（bsnyen）之修習。

　　內義者，行者觀想三門身語意本初安住於壇城[8]，此即「成」（sgrub）之修習。

---

7　二種清淨 dag pa gnyis，即自性本來清淨（ngo bo ye dag），及離客塵清淨（glo bur bral dag）。

8　此可參考不敗尊者於《光明藏》中，說方便生無相圓滿次第（亦即大圓滿）之「念修四支」時，喻四支為：1、念支，如同「開眼」；2、近念支，如同觀「見壇城」；3、成支，如同「趣入壇城」；4、大成支，如同「於壇城中得灌頂」。

密義者，行者初決定自心具足四身五智，其自性無別於上師。次，（上師）心（thugs）與（行者）意（yid）雙運。復次，行者自然安住於自明自覺（rang rig）之無整相續中，自在於本然。此即「事業行」（las sbyor）之修習。

如是祈禱。

【釋】　祈禱亦可分外、內、密義而說。

首先外義。此具事相，行者依事相作祈禱，如頂禮合什等，願能得上師賜與成就，如是祈禱雖具事相，但行者可依祈禱修「念」，由「念知」而得念念分明。

次內義。學人觀想自己的身語意三門，實住於本初壇城，壇城如如，故於祈禱時不須作種種陳說，亦即不須陳說祈願的理由。如是即是依念修四支的「成支」（修支）而入壇城祈請。

復次密義。密義祈請有三次第——

初，決定自心具四身五智與鄔金上師無別，四身為法身、報身、化身、受用身；五智為大圓鏡智、平等性智、妙觀察智、成所作智、法界體性智。

次，觀上師心與行者意雙運，如是即成無別雙運而祈請。

復次，行者離整治，心自然安住於自明自覺的境界中，是即自在於本然而作事業行。

如是三義，即次第為念修、成修、事業行修。


「加持請賜與」

於祈禱，啓請上師賜予加持為如下──

上師智慧身加持行者身，由是證悟現空之金剛身。

上師智慧語加持行者語，由是證悟明空之金剛語。

上師智慧心（thugs）加持行者意（yid），由是證悟覺空之金剛心（thugs）。

【釋】　　行者作祈禱，啓請上師賜予金剛身、金剛語、金剛心，此可分別由外義祈禱、內義祈禱、密義祈禱而作。此三義祈禱，金剛身證悟「現空」、金剛語證悟「明空」、金剛心證悟「覺空」，此三者皆觀修所須，即住於明空境界生起覺空，復由覺空生起現空，如是觀修三無分別，此於上來禪修諸篇已詳說。


「外內密障皆悉盡」

無論於何時何處，若有違緣礙於證覺，此即為「障」。

【釋】　　由祈禱請上師賜予加持者為願，故不涉及世間事務，此處祈禱除外內密障，即可涉及世間事務。

外障者，為十六種大佈畏 ——

　　1、畏於地大，慢

　　2、畏於水大，貪

　　3、畏於火大，瞋

　　4、畏於風大，嫉

　　5、畏於天鐵與雷霆

　　6、畏於利刃

　　7、畏於獄難與王權

　　8、畏於賊盜與怨敵

　　9、畏於食肉鬼與魑魅

　　10、畏於狂怒大象

　　11、畏於獅子與猛獸

　　12、畏於蛇與毒

　　13、畏於瘟疫與疾病

　　14、畏於非時死

　　15、畏於窮困貧乏

　　16、畏於願與衰

內障者，為四魔 ——

　　1、蘊魔，即我執

　　2、煩惱魔，即貪執

　　3、天子魔，即欺誑

　　4、死魔，即奪命

密障者，為五毒，即貪、瞋、癡、嫉、慢。

於何時何刻，上來種種障，或會令行者於成就遍知解脫道上成中斷。

是故，行者若能受用顯、聲、覺三者為本尊、密咒、法身，此證悟力即能令「外障」盡。

【釋】　行者受用「顯」，即受用本尊，此如起本尊慢、本尊種子字住心等。行者受用「聲」，即於唸誦明咒時，觀想咒音咒鬘同時放光，此如修聲音「陀羅尼」。行者受用「覺」，即能起明覺入自生智。

行者若能將能所二邊解脫於無我界[9]，即能令「內障」盡。

【釋】　無我界由遠離名言句義、遠離六識領受而成，能得遠離即無能所二邊，如是內障四魔即盡。

行者若能覺悟五毒即五智，一切違緣成為道用，即能得力令「密障」盡。

【釋】　證悟五毒即為五智。瞋即法界體性智、癡即大

---

9　此可參考《密嚴經》第七品「我識境界」，說「本無有我」，經云：「仁主，是諸我執依何而住？不住於餘，但住自識。計我之人言，我與意、根、境和合而有識生。本無有我，如華與衣合即有香氣，若未和合衣即無香。是故當知但唯有識心及心法，若離於識心心所法則無有我，以因緣心心法生，此中無我亦無有生。微妙一相本來寂靜，此是覺悟勝觀行者自證境界。」

　　　　　圓鏡智、慢即平等性智、貪即妙觀察智、妒即
　　　　　成所作智。於證悟時即可轉違緣為順緣。

　　或行者祈願得鄔金三密加持力，則能令一切障皆盡。

「一切祈願自圓成」

　　祈願可分二種：暫時與究竟二者。

　　暫時者，行者祈願縱使未能證覺，亦能積集一切順緣
成就。

　　經續有云——

　　　　種姓高貴色端嚴　　長壽無病緣分優
　　　　財勢富足智廣大　　是為人天七功德

　　此為行者一般之共祈願，願此生具此「人天七德」。
但行者更應祈願心相續能於七聖財中得長養。七聖財者，即
信、戒、勤、愧、聞、捨、慧[10]。

　　【釋】　　此處易明，更不作釋。


　　究竟者，行者祈願得「無上成就大手印」（phyag rgya
chen po mchog gi dngos grub）。其基者，一切有情心性本具
如來藏，即佛自性本住於有情心。但有情礙於二障及習氣，

---

10　此為一般佛經之所說之「七聖財」。但無上密亦建立「七聖財」。談錫永上師
　　於《幻化網秘密藏續釋——光明藏》釋其為：「殊勝勝義諦、殊勝世俗諦（諸
　　法自性），以及五種果、界、智的無分別體性。關於五種果、界、智，即是
　　以身、語、意、功德、事業五果法為「現」，以五果法所依的界為「空」（空性
　　基），以及此能證現空無二的境界（智）。」（台北：全佛文化，2010，頁69-70）

而不認知自心本來面目，由是於輪迴中漂流。今行者為調伏二障，故於道上修習二資糧雙運，及生圓雙運。由是證果，以心性本來清淨，具四身五智故，一切障礙僅為客塵，自然消融於法界，諸法本性具如如性而現前，謂得「無上成就」。

【釋】　此說願得「無上成就大手印」，非說宗派建立之大手印道，實說能得無上成就之道法。敦珠法王開示，先須決定「一切有情心性本具如來藏」，但由於煩惱障、所知障及習氣覆蓋，而致不認知自心本來面目，故須於道上修習福德資糧與智慧資糧雙運，生起法與圓滿法雙運，由是證果，如是一切障礙即消融於法界。除障礙後，諸法本性具如如性而現前，是即得「無上成就」。此為對究竟祈願的開示。

是故行者祈禱為如下——

「祈賜加持，一切暫時與究竟祈願能疾速成就，離諸整治，自然圓成」。

結頌

於此無上疾速道　　祈禱最勝圓滿師
若願世世妙吉祥　　應當虔信恆依止
六金剛句祈禱文
依此祈禱文福德　　上師永當成依怙
自他有情恆護持　　二利諸願悉如意
吉祥利樂祈增長

持明芽，無畏智金剛，受其智慧明妃壽固松石燈（tshe brtan g.yu'i sgron ma）問法及請求，於不丹塔克桑虎穴寺[11]，隨心意任運而寫。

 སིདྡྷི་རསྟུ siddhirastu!

## 【譯者記】

此《金剛六句祈禱文》於西藏非常著名，又名為《三時佛》祈禱文，一般行者能琅琅上口，視此祈禱文具除障及滿願之殊勝加持力，奈何彼等每每落於二取事相而誦此祈禱文，祈求得他力加持而除障滿願。故法王造此釋義，開示此祈禱文之密義，收錄於法王全集卷四。

於此釋義，法王開示鄔金蓮師有一秘密名稱，名為「伏魔忿力」。但何以具力？以鄔金蓮師本具三寶、三根本、三身等自性故。然行者如何能得此力加持？重點在於祈禱時如何作抉擇與決定。此實為此祈禱文釋義之精要。法王開示祈禱時應分外內密次第作抉擇，由是引導行者覺悟當其心向鄔金蓮師祈禱時，鄔金蓮師為三無分別之如來藏境界，而非僅一具實自性之個體。而此境界行者心本具。今藉祈禱而直指行者心本與蓮師心無二，行者繼而決定其心「本具」伏魔忿力，此非有一他力加持自心而新得。復由具力而自信一切障可依外內密次第而盡，而一切祈願於「無上成就大手印」中無作而自圓成。

---

11 相傳古時塔克桑（Taktsang）長年群魔亂舞，故蓮花生大士騎虎降臨此地，施展神通，幻現為金剛具力尊，降伏魔妖，並在此地修行。敦珠法王於此寫本祈禱文釋論，故亦具除魔障力。

余師尊無畏金剛談錫永上師，曾得敦珠法王恩賜有千年歷史之「鄔金具力」蓮師唐卡。其唐卡背後，有一祖師手寫讚頌，此讚頌法義亦可與《金剛六句祈禱文》之密義互相配合。今依金剛兄弟楊杰之翻譯，稍作潤飾，引為如下──

遍空勝者智悲吉祥榮光力　　鄔金上師大金剛持本智身
與此誓句所依恆時無分別　　祈願賜與法子共不共成就
外內密諸障難悉於法界盡　　一切意樂所願無作自圓成
上師大悲心日輪我心心髓　　祈願吉祥光明得善妙遍現

此讚頌首三句讚禮「鄔金具力」蓮師為三無分別之三身境界，行者若能祈禱時如此篇釋義分外內密祈禱，或於修道由明空、覺空、現空次第悟入，即能得共不共成就。

共成就者，乃讚頌第五、第六句：「外內密諸障難悉於法界盡、一切意樂所願無作自圓成。」

不共成就者，乃讚頌第七、第八句：「上師大悲心日輪我心心髓、祈願吉祥光明得善妙遍現。」此即密嚴境界，亦即如來藏之深密境界，學密行人須細意體會。

大韋於西元2020年8月23日譯畢而記

## 【釋者記】

上來【譯者記】對此《金剛六句祈禱文》已說詳盡。西元二零二零年，歲次庚子，無畏年八十六歲，能作此釋，自覺甚為殊勝，願以釋文功德，縱微少亦能普遍利益眾生。圓滿吉祥！

# 鄔金金剛具力王頌文觀修

佚名 造

楊杰、馮偉強 譯

談錫永 釋

| **楊杰譯本** | **馮偉強譯本** |
|---|---|
| 遍空勝者智悲榮光力 | 遍空勝者智悲吉祥榮光力 |
| 鄔金大金剛持本智身 | 鄔金上師大金剛持本智身 |
| 與此誓句所依恆無別 | 與此誓句所依恆時無分別 |
| 願賜法子共不共悉地 | 祈願賜與法子共不共成就 |
| 外內密障寂息於法界 | 外內密諸障難悉於法界盡 |
| 一切所願無勞任運成 | 一切意樂所願無作自圓成 |
| 蓮師大悲日輪當空升 | 上師大悲心日輪我心心髓 |
| 願吉祥光莊嚴我心間 | 祈願吉祥光明得善妙遍現 |

【釋】　敦珠法王賜余「鄔金金剛具力王」唐卡，於背後有歷代祖師押印加持，並有一手書頌文，據法王言，此唐卡藏敏珠林寺已不知年，歷代祖師多懸掛此唐卡觀修，此頌文亦不詳為何代祖師所撰寫，故此唐卡甚為珍貴。因囑余須精進修此鄔金金剛具力王法門，並依此作根本事業，對此恩賜余感激終生。

弟子楊杰曾將唐卡後所寫頌文譯出，唯譯文受字數限制，故有二三句尚未精準。今因擬將此頌文收入本書作釋，故乃指示弟子大韋馮偉強依楊譯略作修改，余復修訂數字，由是此唐卡乃得古代祖師與現時弟子之智慧，願其能延綿後世，且能利益眾生。

## 「遍空勝者智悲吉祥榮光力」

【釋】　由上篇〈蓮花密義莊嚴〉之敦珠法王釋文，即知此句所言實為三根本。「遍空勝者」即根本上師之表義，「智悲」即根本本尊之表義，「吉祥榮光力」即根本空行之表義。此句讚頌蓮師與金剛具力尊雙運而成鄔金金剛具力王，即成圓滿三根本之本尊。

「遍空勝者」為證入周遍虛空如來法身之勝者，故可說為根本上師。

「智悲」為依如來法身而顯現之本尊，故具智悲。智，說其不離如來法身（即不離如來內自證智）；悲，說其具足如來法身功德，故於法身上顯現而成報身。

「吉祥榮光力」為作根本世間事業之空行。得藉法身功德成就諸世間，是故「吉祥」。復於世間作事業利益眾生，是為「榮光」。

　　　　　　空行具此兩種力，得成勝義與世俗兩種事
　　　　　　業。

## 「鄔金上師大金剛持本智身」

【釋】　此句所言為讚頌三身，「鄔金上師」是為化
　　　　身，「大金剛持」是為報身，「本智」是為
　　　　法身。如是三身具足、三身唯一。

　　　　「鄔金上師」即指蓮師。唐卡本尊鄔金具力
　　　　王，為蓮師入西藏除魔障時之化身。

　　　　「大金剛持」即是金剛總持（Dorje Chang）。
　　　　法身普賢王如來因無顯現故，不能向世間傳
　　　　法，故顯現為報身金剛總持，向化身金剛手
　　　　傳法。

　　　　「本智」即是如來法身。佛內自證智境界唯
　　　　無體性，但仍隨順世俗，稱之為「身」，是
　　　　故本智即是法身。

　　　　如是鄔金具力王即具足三身，且三無分別圓
　　　　滿。

## 「與此誓句所依恆時無分別」

【釋】　本尊必有誓句，例如百字明即說「請金剛薩

埵依誓句」（Vajra Sattva Samaya）。本句頌文
說，本尊鄔金具力王誓句所依，與三根本三
身恆時無分別，是即謂本尊誓句力，具足三
根本力與三身功德。即如〈蓮花密義莊嚴〉
之說「伏魔忿力」，這是無上殊勝的讚頌。

## 「祈願賜與法子共不共成就」

【釋】　祈請本尊以其具力賜法子成就。成就分共與
　　　不共二種，皆有詳說，讀者可參看〈蓮花密
　　　義莊嚴〉內之「祈禱加持請賜與」一句，今
　　　不贅。

## 「外內密諸障難悉於法界盡」

【釋】　此句釋義，讀者可參看〈蓮花密義莊嚴〉內
　　　之「內外密障皆悉盡」一句，今不贅。

## 「一切意樂所願無作自圓成」

【釋】　此句釋義，讀者可參看〈蓮花密義莊嚴〉內
　　　之「一切祈願自圓成」一句，今不贅。

「上師大悲心日輪我心心髓」

【釋】　祈請上師必須讓弟子與上師相應，如是始能
得上師加持力。此又須知，所謂加持只是上
師能令弟子成就，並不是有如世俗的認知，
以為加持便是「保佑」。一如拜菩薩者，求
菩薩保佑那便了事。

上師如何能令弟子成就，即是令弟子具力，
所以弟子亦應觀修，始能與上師相應得上師
加持，這就可以說為，上師以智慧心加持行
者意。本句即建立如是觀修。

學人由念知力，認知心輪生起上師的大悲心
日輪，心輪如海，海上有日輪生起，此日輪
便是自己的心髓，如是認知與串習，當能離
名言句義與六識領受後，即能生起覺知，由
是即能證悟覺空之金剛心，金剛心中生起現
空，一切法任運圓成，這便是上師的究竟加
持，學人能任運圓成在世俗中作種種事業。
是即頌文所說的「上師大悲心日輪我心心
髓」。

「祈願吉祥光明得善妙遍現」

【釋】　上師悲心日輪即是「吉祥光明」，既是學人的
心髓，學人便能依此光明得「善妙遍現」。能

證如來法身功德，是即為「善」，以一切世俗
能得成就故；能證如來法身，是即為「妙」，
能證無上勝義故。法身與功德周遍一切界，故
說「遍現」。

圓滿吉祥。

# 極密普巴金剛常修秘密成就法・甚深事業心要

持明寶洲　巖傳
談錫永　　釋

【釋】　普巴金剛是金剛薩埵的忿怒身，在八大忿怒尊
　　　　壇城中屬北方事業部，甯瑪派觀修普巴金剛，
　　　　由普巴事業部統攝一切部，建立甚深秘密法義
　　　　而作觀修。是即所謂「復以本明菩提心，生起
　　　　唯一大手印」。

　　　　此儀軌甚深，學人不易修習，但選用此儀軌的
　　　　目的，並不是教授學人觀修，只是令其知道如
　　　　何用究竟見地來作抉擇與決定，配合觀修，故
　　　　此儀軌便十分適合。

　　　　無執根本智法身　　成就普巴輪顯現
　　　　皈依且入事業道　　諸師見地願深解

　　欲修習大持明寶洲此秘密成就法，須先修習其巖傳成
就法，且能領略法義。否則可修具詳釋之簡易普巴法，如僧
伽洲之普巴法，則較易修習。

【釋】　此處之頌文及長行，不知是那位祖師所造，
　　　　敦珠法王傳授時，儀軌已有此文頌。頌文攝

法報化三身，即「根本智法身」、報身「普
巴輪顯現」、化身「入事業道諸師」，如是
分攝法身覺空、報身明空、化身現空事業
道。本書說禪修及閉關等篇，對此三身已有
詳示，故讀者理解本儀軌所含法義即應無困
難。

## 甲一　前行

【釋】　前行所作，皆依「無上」，如是始能配合法
義。

## 乙一　皈依發心

【釋】　皈依境，由上師統攝三寶，此為事相。密意
則由統攝三寶，開展為三身、三根本及三
密，因此等已為三寶統攝故，行者須如是抉
擇而修。

那麼

上師三寶寂靜尊　海會諸佛諸聖眾
我及無邊諸有情　敬以三門作皈依

於此普巴事業壇　我為解脫有情故
動漾甚深輪迴海　四無量心我生起

## 乙二　結界

【釋】　由上來抉擇，即可決定，周遍一切界諸法顯
現，皆以如來法身為基，法身功德為功能，本
然如是生起，此即法爾任運圓成，故結界亦無
方域。於本來清淨的法身上自圓成，此即法爾
顯現。

> 虛空法爾現宮殿　　即魔障名亦不聞
> 證知本來清淨故　　壇城界即自圓成

## 乙三　懺悔

【釋】　一切法不離如來法身，是故都是清淨本性的自
顯現。自顯現自解脫，所以說為「所懺諸業業
中脫」，即不須做作與整治，諸業自生起即能
自解脫。本頌既強調自顯自脫，故所懺罪亦為
世俗的本然，即眾生的無明、眾生的分別，故
所懺並非微細的罪障。

> 清淨本性展現中　　所懺諸業業中脫
> 無明分別諸罪障　　我向自顯諸尊懺

## 乙四　供養

【釋】　此處為無上供養。圓滿淨甘露為法身供養，六
道解脫血為報身供養，現象界中食子為化身供
養，如是即為「三大無盡自性」的供養。此三

大自性非為三者，本然為法身的本性，施設為
空性，是故唯一。

> 法爾生起圓滿淨甘露
> 真實界中六道解脫血
> 現象界中生起大食子
> 三大無盡自性嗡阿吽

# 甲二　正行

## 乙一　生起三昧耶尊

【釋】　作前行已，行者已圓成修心，且已住入本然。
下來觀生起，亦依如來法身而成顯現，此即
「中央熾燃根本智」境界。由法身智境生起報
身普巴「藍黑火熾三角壇」，以及離識分別的
八屍陀林等。行者於觀想時，由法義作抉擇，
即能生起法爾（本然）的明空境界。

依上來的法爾顯現境，稍作等持，念知靈動而
成覺空，如是由覺知而覺種種現空的現象境。
是即生起壇城與本尊，故此處結句云「壇城覺
性中生起」。

故行者依頌文修習，不可簡單地唸誦了事，因
此處實已包含明空、覺空、現空三境界，明空
為報身智境、覺空為法身智境、現空為化身智
境。於觀修時均須了了分明。

藍黑火燄三角壇
中央燄燃根本智
中敷蓮花越量宮
上有藍吽光收放
大吉祥金剛孺童
四足展伸健舞姿
戴五佛冠種字吽
張口滾舌獠牙露
左二持火及天杖
穿戴屍林諸莊嚴
身色淺藍具二臂
左血顱器獻父飲
喉間紅色馬頭王
臍上黃綠甘露漩
密處藍蓮花顱鬘
左肩藍身青杖尊
左腿黃黑降三世
十輻十忿怒明王
三頭六臂展四足
各持武器自標誌
勝子眷屬護外壇
自性女及僕從女
如雲圍繞壇城外

諸般顯現越量宮
八屍陀林環繞處
由智證悟而成辦
日月輪與四纏魔
自性生起離整治
三頭六臂藍黑身
右白左紅中藍黑
鼓閃九目視十界
右二九股五股杵
原二滾轉山王杵
雙運眷屬印蓋母
右持青蓮繞父頸
額上藍身作吽尊
心輪藍身閻摩敵
臍內深綠不動王
右肩白色尊勝王
右腿肉色愛染王
四方各住四聖眷
二十四尊皆雙運
具金剛翅屍林飾
四門住四守護眾
放射食誅使者雲
及諸軍旅護法眾
壇城覺性中生起

【釋】　下來說本尊心日輪上有智慧尊，即說智慧尊的本性便是本尊的心性。這是重要的抉擇。

於本尊心日輪上　高如杵臍智慧尊
轉動金剛普巴杵　於彼心中日輪上
有金色杵如芥子　於此中央具吽字
咒鬘周匝以圍繞

諸尊三門三字嚴　十方如來作灌頂
如是賜以勝加持　不空成就為標誌

【釋】　下來頌文兩句，應為行者的決定境，「諸佛心
間放光明」決定為如來法身功德，「根本智慧
尊」即是法身，所謂「加持」，即是令法身能
顯現其功德，如是成就一切事業。

諸佛心間放光明　加持根本智慧尊

## 乙二　迎請智慧尊

【釋】　「無生圓淨性」即是法身，無生、圓滿、清
淨。「生起熾燃身」等等是法身的顯現，亦即
是法身功德本然起用，成種種法爾相。如是抉
擇與決定。於決定中，念知即圓滿成就法爾覺
知。

由法界之無生圓淨性
顯現殊勝生起熾燃身
金剛孺童及其壇城眾
請由法界速速來此地

　　　　示現生成普巴金剛尊
　　　　祈無餘賜灌頂與加持
　　　　智慧忿怒王及諸聖眾
　　　　伏祈降臨速速來此地

　　　　展示吉祥驗相及徵兆
　　　　加持心識成就普巴刹
　　　　智慧忿怒王及諸聖眾
　　　　伏祈降臨速速來此地

　　　　解脫三界諸毒者
　　　　調伏傲慢執着者
　　　　金剛童及諸聖眾
　　　　我以一心作頂禮

## 乙三　外內密供養

　　　　以外內密諸享用　　無數寶具意化供
　　　　獻於法爾自顯尊　　於一味中祈攝受

【釋】　　此處以外內密供養，供養法報化三身，亦可
　　　　決定為供養明空、覺空、現空，三者同時，
　　　　且三無分別的智境。故說為「獻於法爾自顯
　　　　尊，於一味中祈攝受」。法報化三身無分別
　　　　而成唯一，故攝受供養亦成一味，此為真實
　　　　的決定。

八本千枝和合藥　　虛空幻化勝密血
連同殊勝大食子　　供養金剛童壇城

【釋】　依上來決定，此處用報身供養來供養無分別三
　　　　身，故以藥、血、食子作供，用藥供法身、用
　　　　血供報身、用食子供化身。「供養金剛童壇
　　　　城」即供養於法身上顯現的報身壇城，中有種
　　　　種化身眷屬，這即是行者的觀修境。


愚癡大肉堆如山　　貪欲血濤湧似海
瞋恚白骨高高積　　供養金剛童壇城
嗡阿吽

【釋】　依上來決定，此處用化身供養來供養無分別三
　　　　身。故用肉、血、骨作供，便是用現空所成的
　　　　人身分三份作供。用肉供化身、用血供報身、
　　　　用骨供法身。如是供養壇城，亦即供行者所觀
　　　　的三身無分別境。


## 乙四　讚誦

【釋】　此處讚誦普巴壇城眷屬，亦依三身無分別而
　　　　說，「金剛孺童」為報身，其佛母「印蓋母」
　　　　為法身。其餘「十明王」等皆為化身。壇城唯
　　　　一，故三身眾無分別而成唯一。

金剛孺童吉祥忿怒王

圓滿清淨法身印蓋母

智慧方便示現十明王

作佛事業壇城護法眾

獠牙虎頭護壇諸勇父

護壇四方四部眷屬眾

作解脫業十二普巴衛

大自性女及僕從女等

我向普巴護法誓句眾

我向壇城聖眾作讚禮

於今圓滿誓句時已至

請作請成汝等忿怒業


## 乙五　唸誦

【釋】　唸誦「空性咒音」，即謂此咒音亦以如來法身為基而顯現。說「空性咒音回響若沉雷」，所重者為回響，而不是唸出來的咒音，因為唸出來的咒音不是法爾，是由作意而成，且有整治。回響則是法爾，無作而成，亦無整治，僅依環境的不同任運而成（此如山谷中的回音，即不同空屋中的回音）。如是抉擇與決定，並依此決定而成觀想。觀想種子字及咒鬘放光，與及融合等等，皆如咒音回響，法爾任運圓成。

吉祥金剛童及諸勝子

　　印蓋母大顯現忿怒舞
　　空性咒音回響若沉雷
　　我當修習成就本尊剎


　　（由種子字及咒鬘向十方放光，以求三根本加持，以
白嗡、紅阿、藍吽加持行者三門，光降如雨，無有障礙融
入。復次，應知此即為勝利佛陀之大悲加持，普巴金剛壇
城無邊聖眾，或大或小，如雪花融入自身。聖眾融入身，
佛父母則融入三脈，盈滿如芝麻剖莢。壇城聖眾咒音震動
有如蜂房。如是唸根本咒。此處咒文略。）


　　（誦根本咒後，由咒鬘光華放射另一咒鬘。於誦咒
時，觀佛父放光入佛母口；無量勇父空行住於佛母四輪，
即為此自生咒音所覺。復觀佛母咒鬘由密處放光入佛父脈
杵。由行者脈輪，佛父母宣示咒音，咒鬘則融入心輪。如
是唸誦成就咒以配合動態。咒文略。）


　　（凡欲修對生，可於面前虛空中剎那生起本尊。光華
放收。咒鬘由行者口入對生本尊，降至臍輪，及二尊密
輪。復觀白黃紅綠光華，成就四種事業。然後如常融入空
性。）


## 乙六　　供讚及補闕

　　　　願尊與眷來此地　　外內密供作供養
　　　　讚尊身語意事業　　無心過錯祈寬恕

## 乙七　收攝

　　　　周遍大悲本尊及眷屬
　　　　自然融入五種光明中
　　　　圓滿享用五種光明已
　　　　瓶寶亦漸融入法身界

【釋】　此處報身及化身同時融入五智光明，五智光明
　　　　融入法身，如是收攝而成唯一。

## 甲三　後行

### 乙一　奉獻

【釋】　既收攝已，行者只顯現為化身相，故以化身之
　　　　身語意種種，以及化身所住之三時、化身所積
　　　　之福德智慧二資糧作供，「獻與大清淨化身」，
　　　　然此化身亦是三身唯一所顯現的化身，故說為
　　　　「大清淨」，具無分別性。

　　　　以我身語意種種　　以及三時二資糧
　　　　獻與大清淨化身　　無分別性願證悟

### 乙二　祈福頌

　　　　嗡　本來清淨法身賜我福
　　　　阿　自顯光明報身賜我福
　　　　吽　調化有情化身賜我福
　　　　些　攝我慈悲方便善巧中

【釋】　　祈願三身賜福。此時行者既已證入三身無分別
　　　　之唯一覺性境，故此三身可說為，法身本基，
　　　　由此顯現的法身報身，及法身化身。

圓滿吉祥


【釋者結頌】

清淨圓滿吉祥光　　金剛孺童作事業
住於法身顯功德　　圓滿世間一切法
行者能住於此境　　現空明空與覺空
亦成唯一而起智　　事業圓滿智境中

願吉祥。

# 上 篇

# 三、閉關禪修

### 閉關訣要——簡明直指・提煉成就精華

རི་ཆོས་བསླབ་བྱ་ཉམས་ལེན་དམར་ཁྲིད་གོ་བདེར་བརྗོད་པ་གྲུབ་
པའི་བཅུད་ལེན།

*Ri chos bslab bya nyams len dmar khrid go bder*
*brjod pa grub pa'i bcud len*

敦珠法王無畏智金剛　造
再傳弟子大韋馮偉強　譯
弟子無畏金剛談錫永　釋

【釋】　閉關法為便於弟子作串習所用，藏人閉關多以
年計，如千日關即閉關三年三月零三日，甚至
有終身閉關者，然現代學人閉關多以日計，是
即僅能作短期串習。無論如何，能作串習終對
學人有益，故本篇讀者僅視之為串習法門亦
可。

本篇所言，與前說禪修相通，其架構為，由住
念知，得住明空境後，其時念知靈動，即能生
起覺知而成覺空，復於覺空境界中，生起世俗
一切顯現，如是持覺知來修習現空，至明空、

覺空、現空三無分別時，即能由本覺現起自生
智。此即為本篇之重要脈絡，故於註釋時，只
須略作提示，更不須詳作解釋次第機理。


殊勝無比慈師尊　足前頂禮虔皈依
加持我等弟子眾　心相續中迅生起
現證無上甚深道　即生臻至本淨基

【釋】　　此為本論起頌。示知以閉關修行果，是即「現
證無上甚深道，即生臻至本淨基」。「本淨
基」即本然清淨的如來法身。如來法身功德則
多稱為「本始基」，然此二名亦可通用。


於本論，余將閉關之訣要簡明述之，盼能將大圓滿深
密義置於具福者掌中。彼等由於其過去世之善業，福緣深
澤，深信大圓滿甚深秘密教授，及其上師之導引，故欲圓滿
成就其修持。於彼等眾，本論展示大圓滿道要門，分三，明
其要訣──

第一，前行

指示於清淨心相續及斷除一切執著後，如何令心專注
於教法。

第二，座上修持

指示如何修習大圓滿法，及糾正對大圓滿見修行之謬
誤。

第三，座後保任

指示如何守護三昧耶戒及其誓句，及如何於家常日用中恆住於法。

# 甲一、前行

今略說前行。

【釋】　以下說修心法。

前行修心法，甯瑪派所傳有龍青巴尊者《上師心髓》所說之「修心七法」。法王於此處說略依之而說，但未詳引，今將其標題引錄，讀者可依此比對本論所說文意。

修心七法 ——

1、思維無常；

2、思維安樂之暫時與究竟；

3、思維順緣與違緣；

4、思維一切瑣事無義利；

5、思維佛功德；

6、思維上師教言；

7、思維無分別。

所謂心性者，亦即極為靈動之覺性，無始以來與普賢

王如來同時而現，以普賢王如來即此覺性故。嗟！但有情無明，由是無休止於輪迴中流轉，輾轉生為種種六道身相，而彼等所行實為無義。今汝於百分之一機會轉為人身，但若不盡力避免再次墮入六道輪迴，汝下世轉生則不知為何。但無論轉生於何種六道有情，「苦」實為必然之事。

汝僅轉為人身還未足夠，以死期無定，故應立即修持真正佛道，於死時則當如密勒日巴之無悔無愧，彼云──

　　　　於余密勒之教義　　生時無愧住於心

當汝入佛道時，不能單憑人之身相而入，實應切斷世間俗務及物欲之束縛。若汝入佛道之門時，尚不能斷彼等束縛，則汝將失去入道之決心，而不能捨離對家園、財物、伴侶、親朋等種種依戀貪著。於是，能依戀之貪著為主因，所依戀之事為助緣，因緣際會，中斷魔自會製造種種障礙，汝即不自覺變回凡夫，於善業行中退轉。

【釋】　　以下專說「八風不動」。

故行者應視衣食、應酬等僅為生活必需而已，心唯專一於法，八風[1]吹不動，行如嘉旺岡巴尊者[2]云──

　　　　行者於其獨居地　　死期將至念於心
　　　　應當遠離諸貪執　　閉關捨離世間念
　　　　復離外界與八風

---

1　八風：稱、譏、毀、譽、利、衰、苦、樂。
2　rGyal ba Yang dgon pa（1213-1258），修習竹巴噶舉。

行者之修行若然滲入八風，異常危險，猶如食物中滲入毒藥。八風，簡言之，可概括為「希」與「疑」，亦即「貪」與「瞋」。顯現於內為「貪」與「瞋」者，顯現於外則為男女二魔。男魔，即大自在天。女魔，即鄔摩天女。行者心若不能捨離（落於八風之）貪執，其心則當永受此二魔所縛，由是其障礙永不能斷。

【釋】 以下說出離世間。

行者內心應反覆詰問：「余此生有否受八風吹動，於貢高我慢中有所貪執？」若然，應當遠離此等錯失。行者心若常受八風吹動，其所修者，實僅為相似法，實為虛假之施設而已。由此等自欺欺人而得之種種，已入惡道。

古語有云：「若行者能得離家園，（而入佛寺修習），佛陀之教誨已能成就於半。」汝今已離開家園至此陌生地，正面言之，已離親朋，故應不聽從彼等教唆而不將一生奉獻於佛法。汝亦已放棄家財，生計唯依靠外來之捐贈，故應離欲樂而專注於修法，因汝已認知諸欲樂實為由惡習而生之障礙。但汝若不滿足於現況，一而再，再而三追求欲樂，欲樂自然化為魔障誘惑，無礙乘虛而入。

若有人說是說非，切不可執實為真，應離希疑破立，任由他人說之，猶如彼等說及葬屍，與己無關。除有資格之上師外，縱使父母，亦無人能給汝正確教導。汝應審察自身之所作，而不為他人牽鼻而走。

【釋】：以下說遠離中斷。

　　對外，行者要鍥而不捨，寧靜及平和，與人和諧共處。無論何人，較汝或優或劣，若彼等干涉汝之修行，汝應不受動搖，猶如用一絲巾拉動一大鐵石。汝亦不應軟弱折腰，猶如深山上草，縱受大風吹動而不曲折。於修法時，由開始至結行，無論是否有閃雷由上擊下，或有湖水由下湧上，或有碎石由四方跌落，或生命受到凶險，汝應如是思維：「修法若中斷即違反誓句。」故汝仍堅守誓言而繼續修法直至結行。

　　於閉關初，應慢慢制定時間表，編排修法、睡眠時間，乃至進餐、憩息等細節。切勿墮入惡習。更者，無論汝之修法或廣或略，最忌不定時修習。修法時間要依規律，按時而修。每座修法間不要插入俗務。閉關時，要封閉洞口。若不適用，汝亦應少語，勿與外人接觸。

　　將煩亂心之渙散調伏，口吐濁氣，身坐姿調整至適合禪修。將二取心安住於覺之念知[3]，無絲毫動搖，猶如一堅硬實木柱穩插於土地中。若能嚴守上來種種，無論外、內、密等閉關皆能迅速生起無上成就之種種徵兆。

　　於閉關時，汝或作下來念頭：「有一重要事務，定要與人交往應酬。容後再嚴守規則。」若如是違反閉關規則，汝修法將不深刻，唯變成越來越散漫馬虎。若汝早已堅決安

---

3　「念知」之「念」實為非落於二取、非住於眼耳鼻舌身意之「念」，是故覺知此念，始可稱為「念知」。實如法王下文所說，不住於眼耳鼻舌身，甚至不住於意而「覺」其念。不稱為「念覺」而稱為「念知」，則因念知之「覺」尚未為本覺。然而可以決定，色聲香味觸等實皆為念，心意亦為念，此等念頭，都為心氣之覺相，亦為覺性之赤露空明境界，不住而住。此亦配合無垢友修心四次第：如幻、領受、意覺、等持。

住於閉關，汝之決定只會漸進堅固，由是不會有障礙擾亂其修行。

## 乙一、選擇閉關處所

【釋】　　以下說閉關處。今時學人閉關，僅須選清幽處即可，一般而言，如前低後高，左右環境平衡即可。余於六十年代，曾至紐約一殯儀館閉關，視之為屍陀林。下來又說行者須不住於外內障，此點極為重要。

雖有無數方法去選取合適閉關處所，但概括來說，合適處所如下——

- 受過去大成就者，例如蓮師等加持之處所
- 未曾違反三昧耶戒行人居住之處所
- 合適自己而清幽之地，具備簡單居住設施

假如汝能以外內方便，迅速調伏屍陀林等之魔障，（於彼等處所閉關）更能令汝修法境界充實增益。若不能調伏，則有障礙。但當汝之現證境能廣大如法界，則所有逆緣生起，皆當變為順緣，於此際最適合於屍陀林等地修習秘密法。

汝應恆時不住於外內障，以真正閉關處所，為安住於無作故。

## 乙二、清淨心相續

**【釋】**　以下說清淨心相續，此中以不共加行為要，不共加行中又以觀修上師瑜伽為要。全部修習皆應修至得覺知為證量，若不能，亦應修至心相續得恆時生起靈動的念知。


（分共加行與不共加行二者）

共加行者，為四思維以出離輪迴[4]。

不共加行者，為皈依、發菩提心、除障、積福德智慧資糧等。汝應依每座釋義、精進修法直至有證量生起。當中，汝尤應勤修上師瑜伽，以此為主修。若不然，汝之修持進展當極緩慢。縱使有進展，障礙亦會生起，於心相續中不能生起真實之現證。故汝應虔誠猛烈祈願。漸次，汝之心相續當得甚深意趣，而離言思之現證境定當自生起。

---

4　四思維，即思維暇滿人身、壽命無常、業力因果、輪迴苦而生出離心，可參考《極明光輝》「轉出離心」一頌：

有情猶如地上土　暇滿人身爪中土
我今已得暇滿身　百千萬劫難遭遇
然而世壽實無常　唯知死亡決定至
暇滿人身難屢得　既得應勤修正法
況且於我死亡時　唯善惡業隨我去
我隨業力而流轉　善趣惡趣轉不已
苦樂交乘六道中　悉如夢幻無實義
故應生起出離心　修甚深法離生死。

此如祥甯波車[5]云 ——

> 長養寂止及修持　長養三昧等諸境
> 此等實皆為平庸
> 若以行者虔誠力　以及上師加持力
> 證量由是自生起　此即實為甚稀有

故欲大圓滿之究竟義於心生起，實以前行法為緣。此亦如直貢巴[6]云 ——

> 彼等以正行為甚深法　余等則以前行為甚深

## 甲二、座上修持

座上修持者，為斷除對見、修、行等錯見，及如何將修持作實踐。

### 乙一、見

初，「見」者，為了知本然如是。

依此見，心性即為勝義本性。若汝如是抉擇，則可決定覺性本然離識境之虛妄遍計，由是覺性赤裸自顯現為自生智。此非言思可述之，亦非譬喻可明。覺性非因輪迴而變劣，亦非於涅槃始為勝。覺性非生非滅，非解脫非迷悟，非有非非有，離邊而無偏私。

---

5　Bla ma zhang，亦名 Zhang g.yu brag pa brTson 'grus grags pa，玉達巴宗都達巴（1122-93），始創采巴噶舉，並創建貢唐寺。

6　'Bri gung 'Jig rten gsum mgon（1143-1217），始創直貢噶舉。

簡言之，覺性無始以來無可建立為體，亦無可計度為有性相，以其本性為本初清淨、殊勝而周遍一切之空性。而此無礙空性之遊戲，則自顯現為輪迴界諸法與涅槃界，猶如太陽與其光芒。故覺性不落非有，亦非完全空無，因其本性無作任運，妙然生起智及其功德。

本覺，即現空無二，乃三身如一，為本初法性。能無悟了別本覺為本然如是，即為超越言思之大圓滿見。

蓮師有云：法身，超越言思，即本然。

余等其實早已手握普賢王如來密意。多奇妙！此即大圓滿六百四十萬續之心髓、釋迦佛八萬四千法門之精要亦莫過於此。汝應將一切顯現融入覺性，更而決定覺性含藏一切法。

【釋】　這裡有一個很重要的譬喻，將覺性譬喻為太陽。無人能見太陽的本體，我們只能見到太陽的光芒，感到太陽的熱力。所以我們的本具覺性實不能見，只能念知由他本然顯現出來的事相。正因為令我們能生起念知的是這些事相，於是凡夫便執着這些事相為實，一如執陽光為太陽。如是即為識境。

當我們離開識境的一切分別，亦即離開名言句義、離開眼耳鼻舌身意識的領受，且能生起念知時念念分明，念知便會轉為覺知，覺知本然的覺性，那就有如我們能離開陽光來見太陽。見到的是本體，而不落由本體散發出來的顯

現。這個譬喻並不實際，因為根本沒有本覺的本體可見，所以「見太陽本體」只是一個表義的譬喻，行者千萬不可認為真有一個本覺的本體可以給你現證。

大圓滿見不是本覺見，本覺本然，只是遠離體性的境界，此境界不由修持而來，實由證悟本來如是而來，這才是大圓滿見。

本覺覺知的境界，即是如來法身，此實在只是一個智境，本覺覺得到的智境，這個智即是佛內自證智，在名言上我們又稱之為自生智、自然智、俱生智、根本智。

此處又說能生起本覺的抉擇與決定，此即依大圓滿見而為。由大圓滿見可以抉擇「心性即為勝義本性」，復可決定「本覺為本初法性」。由是即更可抉擇，行者觀修實應將一切顯現融入覺性，更而決定覺性含藏一切法。

## 乙二、修

當汝能清除內心對「見」之疑慮與謬誤，即應作串習，此即為「修」。

依見地作觀修實為「名言句義」之觀修，由心造作，非為余等之觀修。汝觀修時唯不忘失抉擇見，但不住於眼耳鼻舌身，任運於本然，安住於自在。勿追求一己以為是之決定境。觀修時，若「汝」為能觀，此仍為「識」之了別運作

而已。觀修時亦無所觀修之法[7]。故汝應無一刻有渙散，若安住於覺性時有散失，則為真正之迷誤。無渙散[8]者，即有念頭生起時，任其生起，但不追逐，亦不壓制。

**【釋】**　說觀修，行者必須知道不能依「見」作觀修，若依見時，此見即成句義（概念）。此外，行者亦不能依自以為是的境來作決定，例如不能依自以為空的境界，更不能建立「自性空」的境界。通俗而言，不能建立「靜」的境界，更不能建立自以為專注的境界。因為這些都是有作意的建立，依六識分別而成作意。行者若有種種上來所說的心境，即入觀修的歧途。

---

7　此段法王之所說，為重要口訣。現時西方社會流行mindfulness meditation（坊間依英譯譯為「靜觀」或「正念」）。他們之教授包括：住於憩淨處閉目，聆聽音樂或大自然之聲音而入「靜」，以純注意力（bare attention）專注於自己呼吸、或作自身掃描，不加判定（nonjudgemental），依自身之思想、情感、領受而安住。此等教授，全為識境之運作，教人住於眼耳鼻舌身意而觀，有能觀之人，亦有所觀之法，落於二取而作種種取捨，完全與法王之教授相違。更者，彼等教人「安住」而觀，有二種錯失：一者，持「安住」為一概念而觀；二者，落於名言句義理解「安住」。施設「安住」為不住於「過去」與「未來」，唯住於「今際」，然其實彼等未離三時。大圓滿所說之「當下」為第四時，超越三時（可參考《大圓滿直指教授密意》頁62所說之「一時」），亦為「動靜一如」之現證境，如談錫永上師所譯《六金剛句》所云：「雖無一見地，名當下即是。諸相其遍現，悉名為普賢。諸法自圓滿，離作意過失。是於止觀境，住無作而現。」談師認為，此金剛句即說不能以「當下」為見地，是故當下者，即由無作意而覺知諸法遍現，無作故靜，諸法遍現則動，動而變異，是即心相之變異，眼耳鼻舌身意之變異，其變異由無作而覺，又歸於靜，所覺者，即為「普賢」，其詳，應參考談師〈六金剛句說略〉一文，收《大圓滿直指教授密意》一書附錄（台北：全佛文化，2016）。關於「普賢」可參考下來腳注9。

8　可參考楊杰所譯〈辨別無渙散〉。於中，分述四種無渙散。首三種，為心之安住分，非為真實之無渙散。第四種，行者於觀修時住入本覺智（非住入心之安住分）而覺知，「無對境而自明，...遂行了知之當下剎那，（境相）即如水面作畫般，於本覺上自解脫，由是得以清淨。」此方為真實之無渙散。此亦即同法王於此篇之所說。

若問：此際應何所作？

答言：當有境相生起時，任其顯現，勿執受境相顯現者何，唯安住於清明，如「嬰孩觀佛殿」。於境相任運自然時，其顯現相不改，其顏色不變，其光暗不減。若不以貪執念對治境相，境相於本覺中赤露顯現為空明境界。

有許多甚深或廣大教法令下根眾對此教導迷失。余若明確指出其扼要，可說為：念與念之間是否有一當下即是、絲毫無有變異之光明赤露覺性境？此即覺性安住境。

但行者不能恆常安住於此如如性。念頭是否突然生起？此即覺性之本然變現。當念頭生起時，汝若不察，其念自然流轉成妄。此即為迷亂之連環扣，乃輪迴之根本。但若念頭生起時，汝能直察之，即能切斷此連環扣。察知念頭時，放任此念於自然，不住而住，念頭當於法身境界之覺性中自生起而自解脫[9]。此即「且卻」見修合一之主要修習。

俱生喜金剛云 ——

> 本初清淨無垢界　　覺性疾速而變現
> 於此刹那即念知　　猶如海中覓得寶
> 離整離作法身境

汝應堅穩於此而修，日夜修而無渙散。勿將空性變作知見。且讓一切回歸於覺性！

---

9　此段之所說，可對應「敦珠甯波車說禪修」一篇，所開示禪修，說禪定之正修實為「住」「動」「覺」三者。又，前說念知時，所說之靜、動、異實可與此處所說之住、動、覺相應，故由此段論文，可對「念知」作較深刻的認識。由「覺」，即知遍現之諸法皆本然而然，是即任運圓成，如是即名「普賢」。

【釋】　此處說如何觀修。

行者串習時無論有任何境界生起，皆放任自然，無整治無作意而住，但得念念分明，即能起清明境界，亦即明空境界。此喻為嬰孩見佛殿，如所見而見，不作尋伺。

如是作時（即能念念分明時），行者應觀察，於念與念之間是否有一「當下即是」的境界。此境界便是覺性安住的境界，這時，行者已由住入明空而生起覺空。

若於觀修時有妄念生起，亦應放任自然，無作意無整治，由念知來覺察念頭，此亦為覺性的變異相，實未離覺性，如是觀察，切勿以心轉境，此念頭即當自顯現自解脫而消散。

## 乙三、行

余今開示「行」如何令觀修得助進，及如何得實踐。

【釋】　下來說行，今先將重點次第列出，並略作提示，以便讀者於閱讀時留意。

1、虔誠猛烈向上師祈願，對上師虔信。此為無上對治，可對治一切內外障，且能方便生起覺知。

2、由見地抉擇謬誤。不依世俗觀點對念知作規範，但放任自然即能令念知靈動，如是亦無昏沉與掉舉。

3、於任何情緒如哀樂等生起時，皆以靈動之念知覺察，此實為覺性之變異境界，唯令念頭安住於「當下即是」的覺性境界中，更不對此念頭以心轉境。

4、時時覺察「法身本住」，由是知本覺離能所。如是即能生起本尊慢。此時，切勿認為有一本尊可以加持自己，亦不可認為必須了知佛典種種名相與理論，若如是作，即不能覺法身本住，因已困於識境故。能覺知法身本住，始能離二取。

5、對念頭不可排拒，亦不可助長，因無惡念可排，無善念可長故，若有所作，即不能離二取。

6、行者必須精進串習，因上來所說並非知識層次的事。

7、行者亦不可落於法身、本覺等句義而作意執持。

　　重點者，前已指出，行者要從未有一剎那離開如下覺受：上師即真實佛陀，應虔誠猛烈向上師祈願。虔信，為唯一堪能之對治，勝於任何除障法及助進法。汝應如是作決定，勵力而徒步於種種證覺之道。

## 乙四、觀修之謬見

　　汝若生起昏沈，應喚醒覺性。若生起掉舉，應放任自然。

具靈動性「念知」之覺性（dran rig tur tur po），非為戒條式對念頭作規限。「念知」實為行者重新認識心本性之覺知而已。

　　行者於日常生活，無論進食、睡眠、行走、盤座，或於座上觀修，抑或觀修後，皆應串習住於具靈動性「念知」之覺性。無論何念生起，或歡樂，或悲哀，或煩惱，要對其離希疑，離破立。勿用對治法降伏諸念。反之，歡樂或悲哀等情緒生起時，將其安住於赤露、活潑、明澈之當下自性。此唯一心要，實可用於日常種種，而無他法可以代替。汝勿以心轉境，境為心轉。

　　觀修空性作對治，以圖降伏念頭及煩惱等，實為徒勞。若能了別此等僅為覺性自顯現，所須降伏之念及煩惱等，即能自解脫，如蛇結自解。

　　很多人如鸚鵡學舌，流利背誦佛名相，如「光明金剛自性之殊勝隱密義」等，但彼等不知如何作其修持。余等實為具福子。下來之義理汝須理解，故請再次仔細思維。自無始以來至今日，能所二取，為凡夫之死敵，縛束彼等而令其墮入輪迴。今因上師慈悲，以其「法身本住」之開示，能所二邊得以自解，如羽毛吞噬於火，化為烏有而了無痕跡。此何等愜意哉！

　　此能引入捷道之甚深教法，若然汝已得但不修持，此即猶如將如意寶石放入死屍口中，何等糟蹋耶！行者應精進修習，勿讓其心朽壞。

　　初學者於修習「念知」時，惡念輾轉聚合成諸行相，復令彼等失控於惡念而渙散。但一剎那，「念知」突然敏銳重返，由是行者或有愧意生起：「我心又渙散了。」儘管如

此，於此刻切勿有任何所作，例如作意停止前念流轉，或慚愧於心之渙散。當「念知」靈動而重返時，行者唯自然如是安住於「念知」即可。

古語有云：「勿排拒念頭，以其為法身故。」但除非行者能圓滿成就於高次第之勝觀，甚至精微，否則行者會沉耽於「此或為法身」等尋伺，而停滯於一片空白平靜之安住分[10]。彼實不自覺陷入於一昏昧、冷漠而呆滯之境界。是故行者初有任何念頭生起時，應直察之，莫對其作尋伺辨別。行者住於（本明覺性），以其為諸念之了知者即可，如「老人見小兒遊戲」，不須理會，更不須分辨其所作者為何。

當行者置心於如上來之指示，其於自然離分別之深度寂止境界[11]突然消散。此際，超越於識境之智即當赤露明現。

當行者徒步於此道，未嘗不會執受三種禪定境界，即樂、明、無念任何一種境界而成有漏。若行者置心於此等境界，覺其為無上，但無絲毫希求、疑慮、執受、自滿，汝則能於修道中防患。汝能恆常無渙散，一心不亂於「念知」極為重要。觀修若然零星間歇，或純粹為知識理解，汝恐會生起我慢，而其定境只稍為安靜。假若汝不善觀察其修持體會，汝將變為擅長於裝模作樣，或精於賣弄名言，但於修持則毫無心得。

大圓滿續有云 ——

---

10 此可參考〈辨別無渙散〉，第三種安住分。有觀修行人唯安住於意識施設之空分、法身概念等，故論中云：「除單純空分之廣大覺受外，毫無自生本覺之明分，行者有如昏厥。」

11 此針對觀修中唯住於寂止之行人。見〈辨別無渙散〉，第二種安住分（唯住於寂止）。論中云：「然而此非勝觀之智，非心之本性，非證悟…大圓滿乃見上觀修之宗，故而除修習如如本覺之禪定外，無須單純之寂止。」

落於理量之理解　猶如修補終剝落

又

修持體會如晨霧　終能霧散而消逝

有瑜伽士，即使少少正面或負面之修持體會，皆能令其受蒙蔽，於修道中迷失。縱使其觀修已於心相續播下種子，但假若彼等不能努力不懈於觀修，一切甚深教法只會成為書頁上之文字而已。彼等漸會對教法麻木，或對修持麻木，而真實之觀修定境永不生起。甚至有年老瑜伽士於其死亡際，或會對修持教法完全迷惘，更何況初學者耶？故汝應審慎。

汝若能長期鍥而不捨於修習，其虔信或有一助緣對其修持啟蒙，由是引發其現證。汝當活潑而清晰現見赤裸覺性，猶如有面紗瞬間自臉上除下。汝之定境當變為極廣大而自在，此稱為「不見而妙見諸法」[12]。於此際，於其定境生起之念，同時於靜與動中解脫。（此可分為下來所說三解脫次第）。

初，了知諸念本性，由是於諸念中解脫，喻為他鄉遇故知。

次，念自解脫，喻為蛇結自解。

最後，念本解脫而無得無無得，喻為賊入空屋。

此三種解脫為次第漸進。由是汝自生起一深刻決定，自信於諸法唯本覺之幻遊戲，樂空雙運之現證境自然湧現。

---

12 此際之現證，亦可理解為動靜一如。「不見」為「靜」，而「妙見」為「動」，但動靜本一如，故謂「靜為動之機，動為靜之變」。此亦相當於無垢友修心之第四次第：「等持」。行持之要義即為如此。密乘每每強調不捨世俗。但如何「不捨」世俗？此即於「靜」中「妙見」諸世俗。謂「妙見」，非謂用「眼」見，實不住於眼耳鼻舌身意而覺。故一切世俗即現為覺相。《楞伽經》說「唯心所自見」，重點在於「自見」，即具此意趣。

輪迴涅槃無二。佛非為「勝」而有情非為「劣」。汝無論何
所作，皆離言思而自在，從未離開法性，於日與夜，住於無
量廣大法界而無間斷。

　　大圓滿續有云——

　　　　證量不變如虛空

　　此等大圓滿成就者或現為凡夫身，但其心性已為法
身。彼之證智已離一切作意，離諸所作而超越一切道上次
第。凡庸心與諸法皆盡，如瓶破後內在之空氣，已化微塵之
身、以及心等，皆融入法性。此際，此自顯現之現證，稱為
「無垢法界、本基內光明童瓶身」。於中，見、修、行究竟
融為一，其果為遍現一切而無所得。此修持與現證次第可分
為漸、非漸，或剎那三種，依行者之根器而定，但其果則無
差別。

## 甲三、座後保任

【釋】　　座後保任非常重要，否則，座上觀修時之證量必
　　　　然退失。其實座後保任只有一事，即「誓守三昧
　　　　耶戒」。法王未詳說此戒，譯者已於註13詳說，
　　　　所引亦為法王所說。讀者必須詳閱此註文。

　　　　行者即使已知最高見地，仍須尊重因果。若以
　　　　為得高見即無因果，那便是對因果的否定，能
　　　　令行者墮落。

　　指示觀修座後保任，如何包容於誓守三昧耶戒，及於

日常生活作實踐。

　　儘管汝已致力於上來見、修、行之修習，但如果不諳如何於座後作保任，汝三昧耶戒及其誓句將受破犯，短暫者，障難得妨礙汝於道上之修習進度及修持次第。最終，汝當墮入無間道地獄。是故，無時不忘失於「念住」固然重要，但對於何種行為可以接受，何種行為須警惕等，汝亦要清楚而莫犯過錯。

　　大上師蓮花生大士云──

　　　　余之見地高於天　　唯余對業果之重
　　　　尤比麵粉更細緻

　　當汝已捨離其昏昧之凡庸心，汝之所作亦應服從因果定律。要誓守三昧耶戒而少許破犯亦不可，無時無刻要警惕着不受錯失與墮落所污染。密咒道三昧耶戒有多種類別，但可簡略概括為一種：根本上師之智慧身語意三昧耶[13]。汝

---

13　敦珠法王於其《深心勸誡》一書，釋此三昧耶戒為如下：

　　身──
　　　　外：殺、盜、淫。
　　　　內：謗父母殺金剛兄弟姊妹、自身；謗法與補特伽羅；作不必要之苦行。
　　　　密：欲打金剛兄弟妹身、及毀損其莊嚴；打金剛兄妹，及褻瀆上師佛母；踏上師影，及於上師前身語意放逸行。
　　語──
　　　　外：妄語、重舌、惡口。
　　　　內：謗說法師、謗思義者、謗修實性者。
　　　　密：不從金剛兄妹語；不從上師佛母，及所喜眷屬語；不聽上師語。
　　意──
　　　　外：損害心、貪取心、邪見。
　　　　內：邪行放逸；邪修沉、掉、覆、障；執邪見、常、斷邊。
　　　　密：每日每座懈怠見修行三；每日每座不修本尊；每日每座不修上師相應，及不顧愛金剛兄妹。

若然有一刹那視上師為凡夫，汝之修持成就將當延緩至了無歲月。何以故？以上師與弟子之間，關係為異常莊嚴。

【釋】　下來說，如何對上師及其法門守三昧耶戒。

金剛手菩薩云──

修習成就源於師

未得上師接納為弟子時，凡夫初仍須倚靠自己。但當彼接受上師灌頂及開示，與上師聯繫時，彼不能輕蔑三昧耶戒。汝可否記得於（上師瑜伽）四灌頂末，曾向上師壇城主躬身誓言──

從今余為汝僕人　　無私奉獻予上師
納受余為汝弟子　　余今當受汝鞭策

以此誓諾，無論汝有多權威或高尚，汝是否仍須服從上師？汝亦誓言──

無論怙主何差遣　　余當誓守永尊重

當汝發此誓言，汝豈能不遵從上師吩咐耶？若汝不守其誓句，負上破誓者之名，雖令汝覺得冒犯外，還可稱汝為何名耶？

況且，汝可曾受此等下劣教誨：對有財力、權勢、富盛之高階上師守三昧耶戒，反而對謙卑、修苦行如乞丐之低階上師不用守三昧耶戒？無論如何，汝應清楚對上師承諾之利與弊。終日無事於守戒實為無濟。汝應仔細考慮守三昧耶戒之目的究竟為何？為上師耶？抑或為汝耶？希望汝能如調

藥師，深思熟慮而反省。汝若為上師守三昧耶戒，應停止一切破戒諸作。若然非為上師而守三昧耶戒，汝自欺欺人之作實毫無意義。

【釋】　以下別說對金剛兄妹之三昧耶戒。此其實亦與上師有關，因金剛兄妹實亦即上師之子女，故作別說以強調此三昧耶戒。別說後，又回復說至對上師及教法之三昧耶戒。

關於金剛兄妹之三昧耶戒，汝對已入佛道、修清淨相之行人，應熱誠對待。請摒棄對其它宗派之成見及誹謗。更者，對一切諸眾，凡於同壇皈依同一上師，汝皆應視彼此為金剛兄妹。一切欺凌、仇敵、妒嫉及欺騙等皆不應作。反之，汝應對金剛兄妹真誠愛護及關懷。

一切有情，皆可觀待為行者過去世父母。哀哉！彼等受輪迴熱苦所煎熬，無可逃避。故汝應如是思維：「唯余外，有何人能於輪迴中守護彼等？」汝由是調心生起無盡大悲，以自身之身語意作利他事業，及以諸功德回向諸有情。汝應恆時置念於上師、教法、及有情。莫令自身之思維與行為自相矛盾。勿與有名銜者，或外表為瑜伽士，抑或僧侶等鬥嘴。請閉口不語及調和心識，最為至要，莫作愚昧之所為。

請沉思。若汝思維究竟還有何事，可能於下世成汝最具助力者，汝定當修持佛法。汝若希冀或依靠他人於死後為己作超度，此等對汝幫助不大。

　　故汝應撫心自問，摯誠檢討自己錯失，更應努力不懈，決定將汝一生奉獻於佛法修持。汝之修持，應重點致力於甚深見，作聞思修。汝作座後保任，應為言行一致於別解脫戒[14]、菩薩戒[15]及金剛乘根本墮，由是與其應破或應立之言行始終如一。當汝能將應守護之言行銘記於心，內在功德亦不得不自生起。是故於大圓滿道，縱使已作惡行之行者，亦能突然開悟。

　　**【釋】**　　以下別說「修此道之行人必有障難」。但一切障難皆能於修持道上，轉為修道之助緣。


　　大圓滿為甚深道，故修此道之行人必有障難，猶如付予極大利益諸事，亦具極大風險。成為障難生起之因，為其教法能引發行者過去世宿生惡業之種子發動。其發動之徵兆，為障難幻化成魔之身相。種種不順之外內逆緣或會生起，如天人或諸魔，於汝之修習地示現，呼喚汝之名字，甚至幻化成上師作預示。種種可怖幻相亦會現於其夢境或修持境。突如其來之事會置身而現前，如汝受難於侵襲、大盜、小偷、病障等。莫名其妙之極度煩惱或於汝心生起，令其心灰意冷。猛烈苦惑成增長，而虔信、博愛、菩提心等成減退。汝或視諸念為敵，令汝發狂。或忠言逆耳，或圖於閉關作中斷而違反閉關誓句。汝對上師或生惡見，而對教法生疑惑。汝或無故受誣衊而含冤受屈。汝或得惡名，而摯友反成

---

14 別解脫戒為：身不殺盜淫，心不貪瞋痴，口不作妄言，亦不作綺語，重舌並惡口，戒之成十善。

15 菩薩戒為：於自及於他有情，有樂有利正應作，苦而有利亦應作，樂而無利非應作。

怨敵。外內逆緣叢生。汝應如是知，此等皆為逆緣動盪。但汝實已至修持境界上增益與減損之十字路口。若然汝將上來修持之訣要應用於種種障難，障難則成其修持境之助緣。但汝若受制於障難，障則自成為礙。

面對逆緣動盪，汝應持三昧耶戒，以不退轉信心將心託付於上師，向上師熱切祈願：「無論余何所作，請勿捨棄。」假若汝將（上來所述之）逆緣視作「逆緣加持」，實踐於汝之修持，逆緣之實性會自然消融，而汝之修持當得增益，領受一切顯現為如幻似霧。由是汝較以往更對上師及其教法具信心。即使逆緣再動盪，汝亦能堅信其思維：「逆緣動盪實何足掛齒哉！」逆緣動盪由是得窮盡。於道上將逆緣視作「逆緣加持」，即令逆緣動盪皆盡。阿喇喇！此實為老父之所願。切勿猶如狐狸般於死屍堆爬動，渴望食其血肉，但內心驚惶而忐忑不安。則應抖擻精神！

積資糧淺薄之行者，由於彼等輕佻而持三昧耶戒，故錯見囤積，疑慮甚多，言大浮誇，修持差劣，其心腐敗，彼等將上師教言閒置於書架上而不理。彼等執持逆緣，以心轉境於逆緣直至老死，由是惡魔即乘機將彼等引入下三惡道。多可悲耶！祈願上師切勿令汝步其後塵。

【釋】　下來說行者不應妄自尊大，因可墮三惡道故。

更者，於修道上轉化逆緣（為助緣）相對容易，但轉化順緣（為助緣）則異常艱難。有行者妄大自詡證量為高，於順緣中追求大成就而迷失自己，由是更易受制於天子魔。故汝應小心謹慎。汝於此分界可向上而提升，或向下而墮

落，此亦為修行者一大考驗。除非汝已圓滿其內自證智，汝應鉗口不言，請勿隨口對人談及自己修持證量！

　　請勿自誇長年累月閉關修持之辛酸，此實無足為奇。汝應無私付出一生於修持。虔誠修持哉！請勿以空性為藉口，誤導自己，繼而輕視世俗因果之功德。亦勿長年居住於鄉村，為掙錢而做加持家宅及驅魔法。儘量減少無謂應酬、交談及作白日夢等。請勿作違背佛法之行，如欺詐、愚弄他人。請勿由於欲樂，作諂媚奉承而賺取生計。不可結交損友。見修與汝不調和之行人亦不可交往。對自身過失應坦誠，但不可宣揚他人過錯，究竟者，一切口業為魔之幻化，須真心捨棄。酒雖可用於供品，但不可耽於酗酒。與汝人際關係或好或壞者，或對汝信仰堅定者，或無信仰而對汝辱罵者，對彼等皆一視同仁，不分厚薄，接納彼等於佛道上。

　　無論何時何刻，勿對內覺性失堅信。外表要謙卑而精神抖擻。身要穿殘舊衣服。無論何人，或好、或壞、或兩者之間，皆應對其尊重。閉關時生活要樸素，立志如乞丐般生活。汝應效仿過去大成就者之一生及其解脫道。不可對宿生業力有怨言，反之，應清淨無垢而行於佛法。對短暫逆緣不可有埋怨，反之，無論順緣或逆緣生起，心不動搖。

　　簡言之，以自心為見證，置一生於佛法修持。當死期至，勿存一念，有何事還未完成，更勿慚愧。此為一切修持教導之精髓。

　　【釋】　　以下說行者於死期至時，應如何應付。

　　最終，死期降臨一刻，無論擁有任何財富皆須捨棄，甚至一支針亦不執。更者，於死期至，上根修行者住於樂，中根修行者住於無疑慮，下根修行者住於無慚無愧。當現證境光明恆時日夜照耀時，則無中陰，死亡唯將色身軀殼打破而已。汝若不臻至此境，但能自信於中陰得解脫，則汝於死前所作之預備已足助汝。若汝無此自信，於死期至，汝可用生前修習令遷識法純熟，將神識送往汝所意樂之淨土；於此穿越餘道及次第，而得證悟。

　　於本派殊勝傳承，此等教法，非僅為過去之古舊傳言。由始至今，當行者修習立斷或頓超（且卻或妥噶），已現證窮盡法性，於死期至，彼等即能將色身化為虹光身。希望汝等亦能效仿。請勿為尋找餘屑而拋掉寶石。余等極為具福，因能得此甚深教法故，而此教法亦即空行母心血，多吉祥！請生喜悅，精進修習。

　　眾弟子，希珍重本論並銘記其開示於心，此論將引導汝等得極大法益。


## 【論主後記】

撰寫本論目的，實為利益諸弟子於色究竟天蓮花光明洲禪院（'Og min padma 'od gling gi sgom grwa）閉關（三年）修法。請法者為精進修行者明善金剛（Rig bzang rdo rje），彼心為信與虔誠無別之珍寶，以此為助緣，余，無畏智金剛，以直指教授寫下此心法。願此為因，令具福弟子心相續中，能具力生起現證智。願成就。

## 【譯者後記】

大韋於西元2020年5月9日,即庚子年四月十七日,譯畢圓滿。是日適逢恩師無畏金剛八十六歲華誕。敬祝師父長壽安逸,福壽康寧,如意吉祥,自在豐滿。願此翻譯功德回向諸有情。本會金剛兄弟姊妹須知,余等亦為具福子,由上師,得聞大圓滿甚深教法,亦得歷代祖師之心血傳承。人生得此,夫復何求?若有障難,亦只為逆緣加持而已。余等,應如敦珠法王之所說,當永從於上師,及誓守三昧耶戒,時刻警惕自己言行舉止,與上師教法及三昧耶戒是否一致,切不可再要上師於網上寫「示弟子書」來提醒弟子。敦珠法王於此篇論著字字珠璣,尤是於座後保任之教誨,絕非老生常談,實為重要,否則修持與行持不能如一,非為大圓滿之傳授。願本會金剛兄妹能於道上互相扶持、鼓勵、一心一意,令大圓滿法脈永久延綿,尤其不可忘記《極明光輝》「上師瑜伽」一頌 ——

　　持圓滿道一心虔信且修持　願我具福即能成就三密道
　　即能成就上師智慧金剛身　且能成辦引導如空有情眾

圓滿吉祥

## 【釋者後記】

弟子大韋阿闍梨馮偉強譯此篇畢，舉以示余，令余深心歡喜，此論所說，雖名為「閉關法」（山法），但於日常修行亦有殊勝利益，尤其於日常生活中，能依本論後分所言而行，即能入家常日用禪法，故希弟子輩珍重。密密密，願吉祥。

下篇

# 下 篇

## 甯瑪派說「阿賴耶」

楊杰 造

談錫永 釋

【釋】　本篇為弟子楊杰所造，發表於《大喜樂與大圓
滿・慶祝談錫永先生八十華誕・漢藏佛學研究
論集》，論文討論到一個很重要的問題：甯瑪
派如何說阿賴耶。漢土學人很少留意到阿賴耶
不同阿賴耶識，若不能對二者作辨別，則在觀
修及觀行上都可能會有缺失，本篇所言即是甯
瑪派祖師對此所作辨別。

　　本篇的架構在文中第四節，論者作文章結論時
已有詳說，讀者可先看此節，即能明白整篇文
章的論點次第。文章的重點，其實即在甯瑪派
祖師說阿賴耶時為了與阿賴耶識作辨別，他們
便建立了兩種阿賴耶，以至四種阿賴耶，其實
說來說去，阿賴耶只有一種，何以說為多種
呢？那就是因為阿賴耶是輪迴涅槃所依基（普
基），故可依輪迴法而說，亦可依涅槃法而
說，由是即可說為多種，是即為「普」。若不
能這樣理解，便會將阿賴耶看成是非常複雜的
心識，在觀修時，即不能依阿賴耶而入道。

依阿賴耶入道，本文引不敗尊者的〈具證長老直指心性教授‧除暗明燈〉所說的三口訣。他說三口訣的觀修都由頭說起，這和筆者在此論釋文中之所說稍有不同，筆者分段落而說，所以只將依口訣觀修那一段說為口訣的修習。若連同修習口訣的前行來說，那便與楊杰之所說相同，讀者對此留意，即可分別前行修習與正修。

關於說阿賴耶，在行者觀修觀行上，重要的區別是，有人認為阿賴耶識可以直接融入法性，由是而起本覺；有些瑜伽士則認為，必須阿賴耶識先融入阿賴耶，於觀修時此阿賴耶即本然與法性相融，然後始能證入本覺，起自然智。許多甯瑪派祖師所主張的，即為後者，但亦有些甯瑪派上師並不以此為傳承，其傳承屬於前者。本論作者因此引述了努‧佛智、絨宋‧法賢等幾位祖師的說法，尤其是龍青巴尊者，以及近代大成就者不敗尊者的觀修觀點，來強調後者觀修的重要性，這節論文，即是本論的精華。

## （一）

無論研究印藏佛學還是漢藏佛學，「阿賴耶」（ālaya）都是不可迴避的一個重要話題，在整個佛教體系的傳承過程中，它的內涵從最初的簡單定義逐步得到深化和延展，並引

發了歷代論師持續的討論與辯諍。本文首先對阿賴耶識學
說的起源、發展以及相關詮釋作簡要介紹，而後通過整理
甯瑪派早期文獻以及後續相關重要上師的闡釋，系統介
紹藏傳佛教甯瑪派（rnying ma pa）對阿賴耶與阿賴耶識
（ālaya-vijñāna）的判別，及其對阿賴耶之不共安立，並通
過對無畏洲（'Jigs med gling pa, 1730-1798）、摧魔洲（bDud
'joms gling pa, 1835-1904）和不敗尊者（Mi pham rgya
mtsho, 1846-1911）相關著作的檢視，顯明甯瑪派對阿賴
耶與法身的辨別，且呈現這一辨別對止觀實修的具體意
義。為便讀者參考，筆者將龍青巴（Klong chen rab 'byams
pa, 1308-1364）之《大車疏》(Shing rta chen po) 相關段落譯
出，隨附於文後。

## （二）

　　「阿賴耶」一詞來源甚早，《阿含經》經中即已出
現，阿毘達磨典籍中亦加以沿用，而直至瑜伽行系列經論
才開始使用「阿賴耶識」一詞。關於早期阿賴耶和阿賴耶
識學說的起源與流變，筆者將依次就《阿含經》、部派佛
教論書和瑜伽行經論中的相關闡釋，簡要地整理其間的脈
絡。

## 1、《阿含經》中對阿賴耶的解說

　　阿賴耶識最早由瑜伽行派建立，但學界已明確注意到
「阿賴耶」一詞早在阿含時代就已出現，無著（Asaṅga）

在《攝大乘論》(*Mahāyānasaṃgraha*) 中曾提到[1]——

> 復次聲聞乘中，亦以異門密意已說阿賴耶識。如彼《增壹阿笈摩》說：「世間眾生愛阿賴耶，樂阿賴耶，欣阿賴耶，憙阿賴耶。為斷如是阿賴耶故，說正法時恭敬攝耳。住求解心，法隨法行。如來出世如是甚奇，希有正法出現世間。」於聲聞乘《如來出現四德經》中，由此異門密意，已顯阿賴耶識。[2]

其中的引文並無對應漢譯，後經日本學者月輪賢隆的比對考證，該引文相當於巴利三藏《增一阿含》(*Ekottarikāgama*)〈四法品〉第128經[3]，其中的愛阿賴耶、樂阿賴耶、欣阿賴耶分別對 ālaya-ārāma、ālaya-rata 和 ālaya-saṃmudita[4]。通過比較漢譯本《增一阿含》卷十二〈三寶品〉中有關皈依法的部分和巴利文《增一阿含》〈四法品〉中幾乎相同的部分，我們發現巴利文中的「解脫傲慢、止息渴愛、遠離阿賴耶、截斷輪迴、消滅愛著」，對應漢譯皆攝在「無染」一項下，可知阿賴耶與傲慢、愛著等同屬於遮止、捨離的對象。ālaya 一詞由動詞詞根 lī 和表「靠近、趨近」的前綴 ā 組成，再經名詞化而成 ālaya，參考 Pali-English Dictionary，該詞具二義，本義為「棲息處、鳥巢、住居、房屋」，引申義為「執著、慾望」，陳一標於其《有關阿賴耶識語義的變遷》

---

1　此外，玄奘於《成唯識論》中亦指出：「增壹經中亦密意說此名阿賴耶。謂愛阿賴耶，樂阿賴耶，欣阿賴耶，憙阿賴耶。」

2　大正三一‧134a。

3　月輪賢隆，〈小乘典籍に於ける阿賴耶〉，收於氏著《佛典の批判的研究》，京都：百華苑，1971年，頁181。

4　有學者認為憙阿賴耶（ālaya-abhirāma）為後來所加，參見長尾雅人：《攝大乘論—和譯と註解》，東京：講談社，1982年，頁119-120。

一文中通過比照《中阿含》及《長阿含》相關經典,指出
《阿含經》中出現的阿賴耶大多采用的是上述之引申義,亦
即執著、愛著之意[5]。


## 2、部派佛教對阿賴耶的解說

部派佛教經典並不重阿賴耶,相關的論述可見於《大
毘婆沙論》 *(Abhidharma-mahāvibhāṣā-śāstra )* ——

> 云何無為阿羅漢果?謂貪瞋癡永斷,及一切煩惱永斷;
> 越一切趣,斷一切路,滅三種火,渡四瀑流,摧諸傲
> 慢,離諸渴愛,破阿賴耶;無上究竟,無上寂靜,無上
> 安樂及諸愛盡離滅涅槃,是名無為阿羅漢果。[6]

> 若法為欲界阿賴耶所藏,摩摩異多所執,名欲界系;為
> 色、無色界阿賴耶所藏,摩摩異多所執,名色、無色界
> 系。阿賴耶者謂愛,摩摩異多者謂見。[7]

第一段中,阿賴耶與一切趣、一切路、三種火[8]、四瀑
流[9]、傲慢、渴愛並舉,其義與《阿含經》中之阿賴耶並無
大異。第二段中,阿賴耶與摩摩異多並舉,阿賴耶為愛,摩
摩異多為見,舟橋尚哉認為摩摩異多 (mamāyita) 是「將

---

5   陳一標,「有關阿賴耶識語義的變遷」,收《圓光學報》第四期,桃源
    縣:圓光佛學研究所,2000年,頁84-85。

6   《大毘婆沙論》卷六十五,大正二七‧338a。

7   《大毘婆沙論》卷一百四十五,大正二七‧746c。

8   即貪、瞋、癡。

9   即瀑流、有瀑流、見瀑流、無明瀑流。

（某物）執著為我所者」，故而阿賴耶側重於愛執，摩摩異多側重於我所見。陳一標在《俱舍論》(Abhidharma-kośa)、《順正理論》( Abhidharma-Nyāyānusāra )、《顯宗論》(Abhidharma-kośa-samaya-pradīpikā) 中發現一段幾乎相同的文字，彼此稍有出入，依《俱舍論》則如下——

> 諸所有色，非汝眼見，非汝曾見，非汝當見，非希求見。汝為因此，起欲，起貪，起親，起愛，起阿賴耶，起尼延底，起耽著不？不爾，大德！[10]

由此可見，部派佛教論典中的阿賴耶仍不出《阿含經》中呈現的意味。

## 3、瑜伽行 （Yogācāra） 對阿賴耶識的闡釋

阿含及部派佛教時代，阿賴耶並非著重討論的對象，至瑜伽行系列經典出現後，阿賴耶識得以成立，這一成立深化並延展了其語源所原有的內涵，且為其扮演的角色賦予了重要的地位。關於瑜伽行成立阿賴耶識的因由，學界普遍認為是為了使種子有一個安立的處所，並解決部派佛教關於輪迴主體之爭議[11]。瑜伽行對阿賴耶識的詮釋主要有三大傳統，下面逐一簡述之。

## (a)《解深密經》(Saṃdhinirmocana-sūtra) 中的詮釋

---

10 大正二九・87c。

11 勝呂信靜、宇井伯壽、袴谷憲昭等學者對此亦各有自己的見解，參陳一標上揭文，頁77-78。

《解深密經》中對阿賴耶的解說主要體現於「心意識相品」，其中有言——

> 於六趣生死彼彼有情，墮彼彼有情眾中，或在卵生，或在胎生，或在濕生，或在化生，身分生起。於中，最初一切種子心識成熟、輾轉、和合、增長、廣大。依二執受：一者，有色諸根及所依執受；二，相、名、分別、言說、戲論、習氣執受……廣慧！此識亦名阿陀那識，何以故？由此識於身隨逐、執持故。亦名阿賴耶識，何以故？由此識於身攝受、隱藏，同安危義故。亦名為心，何以故？由此識，色、聲、香、味、觸等積集滋長故。[12]

經中將阿陀那識、阿賴耶識、心視為一切種子心識的法異門，藉此開顯其不同的層面的功能，此中「一切種子心識」與經量部的種子學說大致相同，但不同意經量部色心互熏之說，「阿陀那識」側重於其執持身、令身維持不壞的生命力的作用，「阿賴耶識」則側重於攝受、隱藏義，亦即住藏於身內，與身安危共存，這已不同於早期阿賴耶定義中愛著、執著之義。勝呂信靜總結說此中的阿賴耶識是「附著在肉體上的識」[13]，Schmithausen 也大致接受了這一觀點，他留意到阿賴耶識具執持轉識種子的功能，但並不認為一切種子識是阿賴耶識的源頭。

（b）《攝大乘論》中的詮釋

---

12 大正十六・692b。另參談錫永《解深密經密意》（台北：全佛文化，2012，頁101-103）。

13 勝呂信靜，「アラヤ識の語義」，田村芳朗博士還曆紀念論集《佛教教理の研究》，東京：春秋社，1982年，頁63-65。

在《攝大乘論》中，阿賴耶識的含義已偏離《解深密經》中「隱藏於身內」的意味，也不僅是前六識之所依，而是一切心所乃至於色法之所依。該論抬高了阿賴耶識的地位，使之成為「與諸法相互內藏」的識，能攝持一切種子相應。《解深密經》中阿陀那識執持身的作用，在本論中已有部分轉劃歸阿賴耶識，亦即將攝持種子的功能歸於阿賴耶識，而阿陀那識則與有色諸根同安危。

(c)《成唯識論》一系的詮釋

《成唯識論》對阿賴耶的定義為——

> 初能變識，大小乘教，名阿賴耶。此識具有能藏、所藏、執藏義故；謂與雜染互為緣故，有情執為自內我故。[14]

《解深密經》與《攝大乘論》所關心的是阿賴耶識本身的定義，而非阿賴耶識作為識所扮演的角色，而《成唯識論》則以十門來說阿賴耶識作為識的特徵，阿賴耶識具備識的「了別」與「能緣」功能，其所緣即種子與根身以及外器世間。《成唯識論》由七識現展為八識現行，並對種子阿賴耶與現行阿賴耶作出嚴格判別，該系的詮釋雖對理解阿賴耶識作為識的特性有幫助，但其整體卻陷入繁瑣的理論圈坑，難免失去瑜伽行古學成立阿賴耶識之本懷。

【釋】　上來說「阿賴耶」的源流。由此可見釋迦說小乘法時對阿賴耶的建立，與說《解深密經》時

---

的建立不同，這是因為轉法輪的層次不同。

無著論師的《攝大乘論》屬彌勒菩薩所傳的瑜伽行派，瑜伽行即是觀修瑜伽，故其所重便是「色法」與「心所法」。與《解深密經》重視說阿賴耶及阿賴耶識的功能不同，其實二者本質上並無差別。

至於《成唯識論》，屬於陳那唯識的體系，是故較為繁瑣，所說亦非觀修要害。

（三）

　　上來對阿賴耶的語源及阿賴耶識學說的發展脈絡作了簡單的梳理，至於其間深入細微的理論差異，則牽涉問題甚廣，中外學者已多有討論，然此非本文討論之重點，故不予進一步拓展。綜觀漢土學界的研究，我們發現其對藏傳佛教中有關阿賴耶與阿賴耶識的討論鮮有顧及[15]，這對於全面了解漢藏兩系佛教對印度阿賴耶識學說的承繼和發展造成了一定程度的障礙。藏傳佛教在該問題上非唯耽於名相上的糾纏，而是令其見地的簡別與實際的修持緊密配合，縱然其中一些派別有提出不共的安立，但也是與其自宗的修習理趣嚴格對應。下面將以甯瑪派的詮釋為核心，系統介紹其阿賴耶學說的特質。

---

15 談錫永上師為漢土學界中少數曾明確指出阿賴耶與阿賴耶識不同者，參談錫永，《四重緣起深般若》，台北：全佛出版社，2005年，頁382。

## 1、阿賴耶與阿賴耶識

　　在漢傳佛教傳統中，「阿賴耶」常作為「阿賴耶識」的縮略形式出現，二者可互相替代，藏傳佛教中也同樣存在這一現象，一些早期的宗義書中對此即有明確的說明[16]，然而自八世紀起，異於傳統瑜伽行定義的阿賴耶開始在藏族各派論師的著作中出現。就寧瑪派而言，九世紀的努·佛智（gNubs chen sangs rgyas ye shes）於其《禪定目炬》(*bSam gtan mig sgron*) 中曾提出「阿賴耶菩提心」（kun gzhi byang chub kyi sems）[17]，此中阿賴耶和菩提心作為同位語，其義實同於本始基（gdod ma'i gzhi）[18]；十一世紀的絨宋·法賢（Rong zom Chos kyi bzang po）所造《入大乘論》(*Theg pa chen po'i tshul la 'jug pa*) 中指出下乘（theg pa 'og ma）[19] 以阿賴耶為有漏法與無漏法所依，上乘（theg pa gong ma）[20] 則以阿賴耶為菩提心[21]。由此，我們已不能在不明其具體語境的情況下，將阿賴耶簡單地等同於阿賴耶識。

---

16　例如智軍（約八世紀）所造之《見差別》(lTa ba'i khyad par) 中即有言：阿賴耶識者，乃善、不善與無記之一切法種子之基，故為「普基」（ālaya，藏）。( kun gzhi rnam par shes pa ni dge ba dang mi dge ba dang lung du ma bstan pa'i chos thams cad kyi sa bon gyi gzhi yin pas kun gzhi'o )。參敦珠法王等著，談錫永等譯著，《寧瑪派四部宗義釋》，台北：全佛出版社，2008年，頁273。

17　《禪定目炬》，Leh: S.W. Tashigangpa，1974年，頁2。

18　參 Samten Gyaltsen Karmay, *The Great Perfection (rDzogs chen): A Philosophical and Meditative Teaching of Tibetan Buddhism (Second edition)*, Leiden & Boston: Brill, 2007, 頁178。

19　即顯乘。

20　即密乘。

21　參絨宋·法賢，《絨桑曲松文集》，成都：四川民族出版社，1999年，第2卷，頁545。

　　時至十四世紀，龍青巴尊者更是將阿賴耶與阿賴耶識的關係明朗化[22]，其《大圓滿心性休息大車疏》(*rDzogs pa chen po sems nyid ngal gso'i 'grel pa shing rta chen po*) 中開示識之分位（shes ba'i gnas skabs bstan pa）時，有解說如下（依拙譯，下同）——

> 如是，於諸境皆不起分別，悠然而專注一緣者即阿賴耶之分位；了了照見顯現境，坦然而無有分別者，即阿賴耶識之分位；爾時，別別明現諸境，且覺知其行相者，即五門識（之分位）；於第一刹那即顯現所取境者為意識之分位，於第二刹那雜諸煩惱而作伺察者為末那識之分位，以上為七識聚。《菩薩地》(*Byang chub sems dpa'i sa*) 有云[23]——
>
>> 「與外境無關聯且不起分別者為阿賴耶之分位；與外境相關聯且不起分別者為阿賴耶識之分位；別別覺知外境之行相者為五門識之分位；首先分別外境者為意識之分位，隨後對其作伺察者為末那識之分

---

22 實際上，藏土對於阿賴耶並沒有一個統一的觀點，例如，噶舉派的自生金剛（Rang byung rdo rje, 1284-1339）也對該問題提出了自己的看法，他認為如果只言「阿賴耶」而不言「識」，則阿賴耶亦可指真如：'di yang kun gzhi zhes bya ba la rnam par shes pa'i sgra ma smos na de bzhin nyid la yang kun gzhis brjod du rung ba'i phyir rnam par shes pa smos so //，參《甚深內義能顯釋》*(Zab mo nang gi don gsal bar byed pa'i grel pa)*，收《自生金剛文集》*(Rang byung rdo rje gsung 'bum)*，西寧：粗普堪布洛亞扎西，第7卷，頁383。覺囊派的朵波巴・智慧幢（Dol po pa shes rab rgyal mtshan, 1292-1361）則認為阿賴耶可分為智（ye shes）與識（rnams shes）兩分：kun gzhi la ye shes dang rnams shes su 'byed pa... /，參《山法了義海論》*(Ri chos nges don rgya mtsho)*，賈康紀（rGyal khams pa），無出版日期與地址，頁84。須要注意的是，不但各派之間對阿賴耶意見不一，甚至於同一派別內部的不同論師、同一論師的不同著作中亦有不同安立，由下文的討論即可了知。

23 該段引文並不見於《瑜伽師地論・菩薩地》。

位，由是而生能所二取」。[24]

　　龍青巴復以譬喻說明二者關係，他將阿賴耶喻為鏡子，將阿賴耶識喻為鏡子之澄明分 (dwangs gsal) [25]，阿賴耶識猶如阿賴耶發出之輝光[26]，二者雖同處無分別之分位，但前者與外境無關聯，而後者則能了然呈現外境。此外，在業力積聚的過程中，二者扮演的角色亦不相同，《大車疏》對此解說如下——

> 積業之門為意根與五根門，能積者為染污意、思善意
> （dge bar sems pa'i yid）、中性意（yid shes bar ma），積於
> 何者之上耶？—— 積於阿賴耶上也，而促成彼等之增
> 加、積累、減少者為則阿賴耶識。[27]

---

24　藏文：'di ltar yul gang la'ang mi rtog par yengs nas rtse gcig pa ni kun gzhi'i skabs so / snang yul sa ler mthong dus lhan ner gang du'ang mi rtog pa ni kun gzhi'i rnam shes kyi skabs so / de'i tshe yul so sor gsal la rnam par shar ba rig pa ni sgo lnga'i shes pa dang / yul gang rung la dang por skad cig gis gzung bar shar ba dang / gnyis par dpyod byed nyon mongs su 'dres te 'dzin par shar ba ni yid dang yid shes kyi skabs te tshogs bdun no / byang chub sems dpa'i sa las / yul dang rjes su ma 'brel bar mi rtog pa ni kun gzhi'i gnas skabs so / yul dang 'brel bar mi rtog pa ni kun gzhi'i rnam par shes pa'i gnas skabs so / yul so sor rig pa'i rnam pa ni sgo lnga'i rnam par shes pa'i gnas skabs so yul la dang por rtog pa dang / rjes su dpyod pas gzung ba dang 'dzin par skyes pa ni yid kyi rnam par shes pa dang / nyon mongs pa can gyi yid kyi gnas skabs so zhes so //《大圓滿心性修習大車疏》 (rDzogs pa chen po sems nyid ngal gso'i 'grel pa shing rta chen po)，噶陀版甯瑪教傳廣集（bKa' ma shin tu rgyas pa (Kaḥ thog)），第100函，頁268-269。

25　同上，頁261。

26　關於這一比喻，可參摧魔洲尊者造論，談錫永導論，許錫恩翻譯，《無修佛道——現證自性大圓滿本來面目教授》，台北：全佛文化，2009年，頁165。

27　藏文：las sog pa'i sgo ni yid kyi dbang po dang / sgo lnga'i dbang po rten dang bcas pa'o / sog byed nyon mongs pa can gyi yid dang / dge bar sems pa'i yid / yid shes bar ma'o / gang la sog na / kun gzhi'i steng du sog go / de dag gi 'phel ba dang sog pa dang / 'bri ba la sogs pa'i go 'byed pa ni kun gzhi'i rnam par shes pa'o // 同上，頁263。

David Germano 和 William Waldron 於 2006年曾發表
《瑜伽行與大圓滿中阿賴耶識之比較》(*A Comparison of
Ālaya-Vijñāna in Yogācāra and Dzogchen*)[28]一文,作者雖已
留意到龍青巴著作中的阿賴耶與阿賴耶識有差別[29],然而在
文章後半部分論述大圓滿語境下的阿賴耶時,仍用「阿賴
耶識」代替「阿賴耶」,這顯然是將阿賴耶當作識來看待,
頗易引起混淆。

上述阿賴耶與阿賴耶識之差別的安立,直接影響了寗
瑪派對諸識消融(thim pa)與重新現起之次第的描述,據
龍青巴所言,該消融與現起之方式應為寗瑪派之不共說,
且與某些新譯密咒上師的主張相違[30]。《大車疏》云——

> 欲界之地上補特迦羅(sa pa)睡眠時,五門識與末那識
> 融入意識,意識融入阿賴耶識,頃刻即起澄明無分別
> (之狀態)。雖然新派阿闍黎承許云:「辨識此(阿賴
> 耶識)之本面,且安住於其上,由是無夢而行於光明法
> 性」,然而(余以為)阿賴耶識融入於諸法皆不起分別
> 之阿賴耶,阿賴耶復融入法界,遂令粗細執著皆消隱,
> 明空離戲論之法性得以顯現,若能辨認此(法性),

---

28 David F. Germano and William S. Waldron, "A Comparison of Ālaya-Vijñāna in Yogācāra and Dzogchen", in *Buddhist Thought and Applied Psychological Research: Transcending the Boundaries,* London and New York: Routledge, 2006, 頁36-68.

29 David F. Germano and William S. Waldron 上揭文,頁57。筆者認為,該文的題目本身已有不妥,kun gzhi 在大圓滿語境下已不能再稱為阿賴耶識。

30 譬如噶舉派即認為諸識融入阿賴耶識之後,即立刻顯現基位法身光明,參佘萬治、萬果譯,《藏傳密宗氣功——那若六成就法》,成都:四川民族出版社,1997年,頁254。

則可破除迷亂。《秘密智慧大寶遍集續》*(gSang ba ye shes rin po che'i rgyud kun 'dus)* 云——

> 七識聚入賴耶識　阿賴耶入淨法界
> 爾時現起自生智　本初俱生之明空
> 諸瑜伽士當知此

而後又從法界中現起阿賴耶，由阿賴耶現起阿賴耶識，復由阿賴耶識現起獨頭意識，由是顯現種種夢境，爾時由習氣故，將（夢）境中之諸法執為我所。復次，分別念晃動之風息，以及依於七識聚之脈內風息經左右二脈趣入中脈時，即名為阿賴耶三等識（kun gzhi sum mnyam gyi rnam par shes pa），以三風平等匯合於一處故。而後彼識進入中脈且成一味，此為阿賴耶之時（kun gzhi'i dus），此時即沉睡而無夢境，亦有人徹夜皆無夢。復次，阿賴耶融入法界者，乃指中脈中央光明殊勝不變脈具粗分界（rags pa'i khams）、不動風（rlung mi rgyu ba）以及澄明光（dwangs pa 'od）之自性。《普明續》*(Kun gsal)* 云——

> 中脈中央之脈者　光明殊勝無變異
> 澄淨無實光明界　本智住處任運成

中脈之風息精華即名為識，通達識性時，光明即顯現，爾時顯現明點、光、虹光等光明，顯現離戲論心性之空性光明，顯現明覺覺受之廣大本智雙運光明。其後，阿賴耶、阿賴耶識、意識現起之時，即為意念所依之命脈

內風息現起之時，而後風息進入依於諸根之脈內，隨即醒覺，並自然而對顯現之外境生起二取。[31]

　　由上來所引龍青巴之論述，可見其對阿賴耶與阿賴耶識判界之嚴，龍青巴詳述了諸識消融、夢境顯現、沉睡、醒覺之機理，並依無上密的觀點解析了上述次第中脈、氣、明點之內在運作，他認為七識聚融入阿賴耶識之後就現起法性光明之說法不確，阿賴耶識應繼續消融於阿賴

---

31 藏文：de'ang 'dod pa'i sa pa rnams gnyid du 'gro ba na sgo lnga nyon yid dang bcas pa'i shes pa yid shes su thim / yid shes kun gzhi'i rnams shes su thim pas gsal la mi rtog pa dar cig 'char ro / 'di nyid rang ngo shes pa rnams kyis de'i steng du bzhag pas rmi lam med par 'od gsal chos nyid la spyod ces gsar ma'i slob dpon 'gas bzhed kyang / kun gzhi'i rnams shes chos gang la'ang mi rtog pa'i kun gzhir thim / kun gzhi chos kyi dbyings su thim pas phra rags kyi 'dzin pa nub la / stong gsal spros pa dang bral ba'i chos nyid 'char bas 'di nyid ngo shes par byas na 'khrul pa bzlog ste / gsang ba ye shes rin po che'i rgyud kun 'dus las / tshogs bdun kun gzhi'i rnams shes su / thim nas kun gzhi dbyings su dag / de tshe gdod ma'i lhan cig skyes / stong gsal rang byung ye shes so / de nyid rnal 'byor pas shes bya / zhes so / de las slar mched de / chos dbyings las kun gzhi dang / de las kun gzhi'i rnam par shes pa dang / de las yid shes gcig pu langs pas rmi lam sna tshogs su shar te / bag chags yid kyi yul chos la bdag gir 'dzin pa'i dus so / de'ang rtog pa g.yo ba'i rlung rnams dang / tshogs bdun brten pa'i rtsa'i rlung ro rkyang du chud nas dbu ma'i nang du 'jug pa'i tshe / kun gzhi sum mnyam gyi rnam par shes pa zhes bya ste / rlung sum mdo gcig tu mnyam pa'i phyir ro / de nas dbu mar chud de ro gcig pa ni kun gzhi'i dus te / gnyid mthug por song bas rmi lam med pa'o / kha cig la rmi lam med par mtshan thog thag gnas pa'ang yod do / de nas kun gzhi chos kyi dbyings su thim pa ni dbu ma'i dbus na 'od gsal mchog mi 'gyur gyi rtsa rags pa'i khams dang rlung mi rgyu ba dwangs pa 'od kyi rang bzhin yod de / kun gsal las / dbu ma'i dbus na gnas pa'i rtsa / 'od gsal mchog tu mi 'gyur ba / dwangs la dngos med gsal ba'i dbyings / lhun grub ye shes kun gyi gnas / zhes gsungs pa der / dbu ma'i rlung dwangs ma shes pa nyid la zer bas / de chud pa'i tshe 'od gsal 'char ro / 'di'i tshe snang ba'i 'od gsal thig le dang / 'od dang / 'ja' tshon la sogs pa 'char ro / stong pa'i 'od gsal sems nyid spros pa dang bral ba 'char ro / zung 'jug gi 'od gsal rig gsal nyams su myong ba'i ye shes chen po 'char ro / de nas slar kun gzhi dang / de'i shes pa dang / yid shes mched pa'i tshe / srog pa rtsa'i yid dran pa rnam rten gyi nang du rlung mched pa'i dus so / de nas dbang po so so la brten pa'i rtsa rlung zhugs pas gnyid sad de nyin snang gi yul la gzung 'dzin rang dgar 'char ba yin no // 同上，頁273-276。

耶，阿賴耶融入法界，方可現起法性光明，同樣，諸識再度現起直至醒覺的過程亦應依此逆推。這一過程框架的重要性在於它涉及的範圍並不局限於睡夢及醒覺，而是同樣牽涉臨終、禪定、轉生之過程，因此它實與中有（bar do）法門之理趣密切掛鈎，不應含糊，後世甯瑪派論師於造論時也的確謹遵龍青巴之說[32]。

事實上，甯瑪派早期論師大多以 kun gzhi 一詞統攝傳統瑜伽行學說中的阿賴耶識和大圓滿語境下的阿賴耶（亦譯作「普基」）兩重含義[33]，而至其中後期階段，諸論師則普遍將 kun gzhi 與 kun gzhi'i rnams shes 區分開來。


## 2、詳說阿賴耶

由上來的討論，我們已知藏土論師在共通大乘的基礎上對阿賴耶作了不共的安立，學人於研究相關文獻時，應謹慎考察其語境，以便明確其所指究竟為瑜伽行傳統意義上的阿賴耶識，還是依無上密觀點所建立的阿賴耶。接下來，筆者將逐次詳析甯瑪派對阿賴耶的闡釋，以令其間的脈絡得以初步的澄清。

在甯瑪派早期的密續中，有一部續名為《大圓滿明示

---

32 這方面的例子可參不敗尊者所造《觀察基位心之光明義‧大圓滿基道果判別‧智慧光》(gNyug sems 'od gsal gyi don la dpyad pa rdzogs pa chen po gzhi lam 'bras bu'i shan 'byed blo gros snang ba)。

33 kun gzhi 既可以梵文的 ālaya 作為語源，也可以作為 kun gyi gzhi ma（一切之基、普基）的縮寫，參 Germano & Waldron 上揭文，頁57。

普賢本智續》（*rDzogs pa chen po kun tu bzang po ye shes gsal bar ston pa'i rgyud*）[34]，該續將阿賴耶判為二，其一為關聯緣生阿賴耶（sbyor ba rkyen gyi kun gzhi），其二為本來真實阿賴耶（ye nyid don gyi kun gzhi），前者積聚有情往昔一切習氣，並現起一切雜染與分別，這與瑜伽行定義下的阿賴耶識相類，以其尚未超越因緣，且為具有生滅之有為法，故名「緣生」。後者則如澄淨無濁之水，不受一切習氣、分別、煩惱所染，其本質為法身[35]。這一解釋或為我們能查閱到的甯瑪派最早對阿賴耶的判別[36]，我們可將其視為努・佛智、絨宋・法賢等師所作的相關判別的先導，亦為後來出現的口訣部心要（sNying thig）類文獻中阿賴耶與法身判別的理論根基。

　　努・佛智於其為《密意集經》（*dGongs pa 'dus pa'i mdo*）所造的釋論《黑暗鎧甲》（*Mun pa'i go cha*）[37]中將阿賴耶分為關聯真實阿賴耶（sbyor ba don gyi kun gzhi）與基位真實阿賴耶（gzhi don gyi kun gzhi），他認為前者既為唯識宗

---

34　該續收錄於廷傑（genTing sykes）版《甯瑪十萬續》（*rNying ma'i rgyud 'bum*）第8函以及《毘盧十萬續》（*Bai ro rgyud 'bum*）第3函，前者的題跋中稱該續由吉祥獅子（Śrī simha）和努・佛智翻譯，後者題跋稱努・佛智翻譯該續以令其上師吉祥獅子歡喜，然此二說皆有問題，蓋因努・佛智生年實晚於吉祥獅子一個世紀左右，參 Dudjom Rinpoche, translated by Gyurmed Dorje and Matthew Kapstein, *The Nyingma School of Tibetan Buddhism: Its Fundamentals and History,* Boston: Wisdom Publications, 1991，頁497-501，608-614。

35　見《毘盧十萬續》第三函，頁230，廷傑版《甯瑪十萬續》第8函，頁109。

36　參 David Higgins, *The Philosophical Foudations of Classial rDzogs chen in Tibet: Investigating the Distinction Between Dualistic Mind (sems) and Primordial knowing (ye shes),* Universitū de Lausanne, 2012，頁192。

37　全名為《諸佛密意總集經釋難・能顯黑暗鎧甲鎖鑰之瑜伽日》（*Sangs rgyas thams cad kyi dgongs pa 'dus pa'i mdo'i dka' 'grel mun pa'i go cha lde mig gsal byed rnal 'byor nyi ma*），收《甯瑪教傳廣集》（*bKa' ma rgyas pa*）第50-51函。

（rnam rig pa）所許之一切習氣種子所依，亦為清淨涅槃所
依（rnam par byang ba'i rten），而後者則為本來無生、離造
作之法性。這兩分阿賴耶大致與《大圓滿明示普賢本智
續》中的兩分相對應，與其略異的是努・佛智以關聯真實
阿賴耶為染淨之共同所依。

　　十一世紀時，絨宋・法賢於其《入大乘論》中對阿賴
耶判別如下——

> 復次，若依下乘，則說阿賴耶之性相乃安住並成熟
> 於有漏諸法之因果體性中，猶如（逐漸）成熟之果
> 實，彼（亦）為諸無漏（法）之所依及住處，猶如
> 毒瓶中盛裝藥物。若依上乘，則說阿賴耶之性相無
> 始以來即於菩提藏之自性中得清淨，故阿賴耶即菩
> 提心，煩惱與惡趣之習氣皆為客塵垢染，猶如銹垢
> 覆於黃金，亦如寶珠陷於污泥，無有分毫功德得以
> 顯現，然其自性無可減損。[38]

　　由上可知，絨宋・法賢之說同於努・佛智所說，而異
於《大圓滿明示普賢本智續》。

---

[38] 藏文：de yang theg pa 'og ma ba'i tshul gyis / kun gzhi'i mtshan nyid ni zag pa
dang bcas pa'i chos thams cad kyi rgyu dang 'bras bu'i ngo bor gnas shing smin
pa yin pas / shing thog smin pa dang 'dra la / zag pa med pa rnams kyi ni rten
dang gnas tsam yin te / dug gi bum pa'i nang na sman gnas pa lta bu'o / zhes
bshad / theg pa gong ma'i tshul las ni / kun gzhi'i mtshan nyid ni gdod ma nas
byang chub kyi snying po'i rang bzhin du dag pa yin pas kun gzhi byang chub
kyi sems zhes bya la / nyon mongs pa dang gnas ngan len kyi bag chags ni blo
bur gyi dri ma ste / gser g.yus g.yogs pa'am / nor bu rin po'i che 'dam du bsubs
pa bzhin yon tan cung zad mi snang bar zad de / rang bzhin nyams par byas pa
myed do // 絨宋・法賢上揭書，頁545。

　　十四世紀時，龍青巴尊者亦曾廣釋阿賴耶，歸集而言，其釋說可分為兩個體系，第一個體系主要涉及《大圓滿心性休息》（包括其釋論《大車疏》）、《如意藏》（*Yid bzhin mdzod*）、《宗輪藏》（*Grub mtha' mdzod*）等，這一系論著的見地側重於心部（Sems sde）與界部（Klong sde）；第二個體系主要涉及基於口訣部（Man ngag sde）十七續（bRgyud bcu bdun）的《勝乘藏》（*Theg mchog mdzod*）、《句義藏》（*Tshig don mdzod*）以及《四部心要》（*sNying thig ya bzhi*）等。

　　至於第一個體系，可以《大車疏》第四品「業力因果品」（Las rgyu 'bras kyi le'u）為例，其中將阿賴耶分為關聯真實阿賴耶（sbyor ba don gyi kun gzhi）與種種習氣阿賴耶（bag chags sna tshogs pa'i kun gzhi），前者之本性為「本來無為、法爾任運之本覺」，且如來藏、法界、佛性、真如等皆為其異名，此與《密嚴經》（*Ghanavyūha-sūtra*）之經義相合；至於後者，則為隨輪迴分及隨解脫分之一切業力習氣所依[39]。龍青巴指出這種二分法是基於有為與無為之差別，前者乃從本性無為之角度安立，後者則作為一切有為法之所依而成立，由此可知，該體系的判別實與《大圓滿明示普賢本智續》相同。

　　至於第二個體系，可以《句義藏》第四品「抉擇本覺智之安住處」（Rig pa'i ye shes kyi bzhugs gnas gtan la dbab pa）為例，該品用大量筆墨辨別阿賴耶與法身，其中依體性（ngo bo）、釋義（nges tshig）、判別（dbye ba）、功用

---

39　有關二者的詳細解說，參見下來〈大圓滿心性休息大車疏節譯〉一文。

（byed las）、立名之因由（sgra 'jug pa'i rgyu mtshan）五支
以釋阿賴耶，攝之如下——

體性：由心及心所所攝，遂成一切輪迴涅槃之業與習
　　　氣所依，亦即無記之無明地（ma rig pa'i sa pa
　　　lung ma bstan）。

釋義：以其為諸多習氣之根基，故名為阿賴耶。

判別：阿賴耶分為四分，具體如下——

① 本來真實阿賴耶（ye don gyi kun gzhi），
　自本初以來，即與本覺具俱生，觀待本覺
　而成無明，由是而成輪迴諸法之最初根
　本，彼與本覺之關係恰似鏽斑與金屬。

② 關聯真實阿賴耶（sbyor ba don gyi kun
　gzhi），乃業分之根（las kyi cha'i gzhi），
　於輪迴涅槃中牽連並推動種種業力，由是
　而成無記之根本所依。

③ 種種習氣阿賴耶（bag chags sna tshogs
　pa'i kun gzhi），乃心與心所中能生輪迴之
　分，亦即種種習氣與隨眠之無記根本所
　依。

④ 習氣身之阿賴耶（bag chags lus kyi kun
　gzhi），顯現為肢體及其微細支分，可別別
　顯現為粗身、澄明光身、三摩地之似顯現

身，其乃三種身之根本，且為無明之所
依。[40]

這四個層面乃由微細分向粗分層層往下建
立，然四者並非異體，龍青巴認為它們只
是無記習氣地（lung ma bstan bag chags
kyi sa pa）之不同反體（ldog pa），同為無
記之隨眠分（bag la nyal gyi cha lung ma
bstan）。

功用：其乃前後習氣之所依，業與雜染之因，身與諸
多聚合體之顯現基，可與身心輪涅別別關聯。

立名之因由：彼可聯結前後習氣，關聯前後之異熟，
可依因果之力而成為黑白業之所依，
故為「普」（kun），能將法與非法聚於
一處，故為「基」（gzhi）。

由此可見，《句義藏》中對阿賴耶的判別既不同於《大
圓滿明示普賢本智續》，亦不同於努、絨二師之說，其中的
四分阿賴耶實可統統歸攝於《大車疏》所言之種種習氣阿
賴耶下，遂與法身形成相對，而《句義藏》等口訣部論著

---

40 這四種阿賴耶之名相於《聲應成續》*(sGra thal 'gyur)* 中已有提及，龍青巴
於此則廣說之。就顯現為本基（ye'i gzhi）之角度而言，阿賴耶無論何時
即與無明同時現起；就其作為種種習氣之根本而言，阿賴耶顯現為不同之
明相與光華；就其於心上成為習氣之根本而言，阿賴耶顯現為種種識聚及
心所；就其於身上成為習氣之根本而言，阿賴耶顯現為身。關於這四種阿
賴耶的討論，可參 Herbert Guenther, *Meditation Differently: Phenomenological-
psychological Aspects of Tibetan Buddhist (Mahāmudrā and sNying-thig)
Practices from Original Tibetan Sources,* Delhi: Motilal Banarsidass Publishers,
1992，頁110-111；另見 Germano & Waldron 上揭文，頁55-63。

中即以法身或本始基代替《大車疏》中的關聯真實阿賴
耶。龍青巴所作的這兩種判別之間實際並無牴牾，二者只
是依大圓滿不同部（sde）的見地所作的安立，名相雖有
異，密意實唯一。

通過上來的梳理，我們發現甯瑪派所安立的阿賴耶與
瑜伽行傳統所建立的阿賴耶識有兩點不同，其一是阿賴耶不
但可作為輪迴界一切業力習氣所依，亦可作為清淨涅槃之所
依；其二是在上述阿賴耶的基礎上更建立一個無為清淨的阿
賴耶/普基，該基與法身、本覺、菩提心、法界、本始基等
同義，且強調其為有情所本具，依此基而建立一切修道，對
該基之開顯與究竟現證即修道之果，這樣的基道果實為依如
來藏所作之抉擇，因此該建立已超越唯識之層次。

【釋】　　本節論文為本論的重點。龍青巴尊者之說，尤
為重點中的重點，讀者只須注意並非有四種阿
賴耶存在即可。論文所說已說得清楚，故更不
作釋。

下來一節，辨別阿賴耶與法身，更為觀修的重
點，着意於觀修的讀者，應詳細閱讀，一讀、
二讀、三讀，至能完全理解為止，故此亦不須
釋文。

說三種口訣，即是阿賴耶次第融為法身的口
訣，讀本論所說後，尚應詳閱〈除暗明燈〉的
拙釋。

### 3、阿賴耶與法身之辨別及其對止觀實修之意義

甯瑪派大圓滿口訣部的教法，在見地上即著重辨別心
（sems, citta）與本覺（rig pa, vidyā）、阿賴耶[41]（kun gzhi,
ālaya）與法身（chos sku, dharmakāya）等。龍青巴於《句
義藏》第四品解說阿賴耶之後，隨即解說法身、心、智，
由此而辨別阿賴耶與法身、心與智，至於後者，他還另造
有一專論，名為《心與智之答問》（*Sems dang ye shes kyi dris
lan*）[42]。這一傳統在後世甯瑪派上師的著作中薪火相傳，其
中較為典型的有無畏洲尊者所造之《大圓滿三要辨別》
（*rDzogs pa chen po'i gnad gsum shan 'byed*），其中依次辨別
阿賴耶與法身、心與本覺、止與觀；至於摧魔洲尊者之
《現證自性大圓滿本來面目教授‧無修佛道》（*Rang bzhin
rdzogs pa chen po'i rang zhal mngon du byed pa'i gdams pa ma
bsgom sangs rgyas*）則開演出四重辨別，依次為心與本覺、
意與般若、識與智、阿賴耶與法身。

接下來，筆者將著重討論阿賴耶與法身之辨別。龍青
巴於《句義藏》中主要依口訣部十七續來解說法身特徵，
歸集而言，法身為不受輪迴染污之本覺，離諸戲論，明空
無別，且法爾具足功德，任運成就一切事業，若依三句義
抉擇其性相，則可說為：體性本淨（ngo bo ka dag）、自相
任運（rang bzhin lhun grub）、大悲周遍（thugs rje kun
khyab）。

---

41 須注意此為口訣部語境下的阿賴耶，因此同於《大車疏》中所言之種種習
氣阿賴耶，亦即無記之習氣地。

42 噶瑪巴自生金剛亦造有一論可與該論互相參研，名為《識智辨別論》
*(rNam shes ye shes 'byed pa'i bstan bcos)*，收上引《自生金剛文集》第七函，
頁275-282。

　　無畏洲於《大圓滿三要辨別》中承龍青巴之《句義藏》所說，依次辨別阿賴耶與法身、心識與本覺、寂止與勝觀，其中對阿賴耶與法身辨別如下──

| | |
|---|---|
| 阿賴耶為一切輪涅基 | 彼與渾濁之水無分別 |
| 於此隨眠愚癡昏昧中 | 覺性本智明分成隱蔽 |
| 法身猶如無濁澄淨水 | 本具遠離客塵之自性 |
| 一切解脫功德之體性 | 無有顛倒迷亂之本智 |
| 是故法身遠離無記分 | 猶如分離澄水與渣滓 |
| 嚴實持守自證法身界 | 澄明而觀無垢本智界[43] |

　　這段偈頌常為後世論師徵引，其中點出了阿賴耶與法身最根本的差別，阿賴耶以無明之昏昧而令本智之明分受障，故而如渾水，而法身則遠離客塵，且能澄明顯現一切明相，故而如清水。對此，摧魔洲於《無修佛道》中說得更為透徹──

　　　由無明而令本始基被障者，殆為阿賴耶無疑。阿賴耶如瓶中之頑空，無思亦無明相顯現，有如昏睡或失知覺境界。完全沉滯於此境界者即「癡」之自性，亦即無明之廣大流轉顯現。[44]

　　摧魔洲復言，法身乃本始基之體性、輪迴涅槃之平等

---

43　藏文：kun gzhi 'khor 'das kun gyi gzhi yin te / rnyog ma can gyi chu dang khad par med / bag la nyal gyi gti mug mgo rmongs nas / ye shes rig pa'i dangs cha lkog tu gyur / chos sku rnyod ma dangs pa'i chu dang 'dra / glo bur dri ma spangs pa'i bdag nyid can / rnam grol yon tan kun gyi ngo bo ste / phyin chad 'khrul mi shes pa'i ye shes yin / de phyir chu dang rnyog ma phye ba bzhin / lung ma bstan gyi cha las ldog pa yin / rang rig chos sku'i klong du btsan su zung / ye shes dri med dbyings la ltad mo ltos // 見德格版《無畏洲九函文集》(*'Jigs med gling pa pod dgu*), Sikkim: Gangtok，1985年，第8函，頁386-387。

44　摧魔洲上揭書，頁165。

清淨,阿賴耶者,即不明此本淨本始基之體性。[45]

上引龍青巴直至摧魔洲一系的論典乃從見地上對阿賴耶與法身作抉擇,至於該抉擇見如何配合實修,則應參考不敗尊者所造之〈具證長老直指心性教授・除暗明燈〉(rTogs ldan rgan po rnams kyi lugs sems ngo mdzub tshugs kyi gdams pa mun sel sgron me bzhugs so),該論在近現代甯瑪派內享有很高的知名度,多位重要上師曾為其造釋論[46]。不敗尊者於論跋中指出造論目的乃為諸在家修習、不能精勤於聞思之瑜伽士開示直指心性之口訣,本論開篇即指出行人於自然安住於無念狀態時,將生起非善非惡之中庸昏昧心識,這一心分可安立為無明與無記,是為阿賴耶境界。行人若滯於此,則唯困於無分別之識境,不能生起無分別智,且永無解脫之可能,為出離此阿賴耶境界而趣證法身本覺,尊者開示出三支口訣——

初、「開啟無明蛋殼之口訣」,意即行人於耽著於阿賴耶境界時,須「覺察此無所念且不散逸之昏昧心識」,且「將能知對境之心分與安住於無念之心分,置於自心中自然

---

45 摧魔洲上揭書,頁218-219。

46 其中包括晉美彭措尊者('Jigs med phun tshogs, 1932-2004)所造之《直指心性略義・開啟深義百門之鑰》(Sems ngo mdzub btsugs kyi gdams pa'i bsdus don zab don sgo brgya 'byed pa'i lde mig)、《直指心性釋・口訣庫藏》(Sems ngo mdzub btsugs kyi 'grel pa man ngag gter gyi mdzod khang)、丹貝旺旭尊者(bsTan pa'i dbang phyug, 1938-)所造之《具證長老直指心性筆錄》(rTogs ldan rgan po rnams kyi lugs sems ngo mdzub tshugs kyi zin bris)、白瑪格桑尊者(Padma skal bzang, 1943-)所造之《文殊怙主不敗尊者之大圓滿直指心性教授要點釋・法王上師白瑪格桑口傳》('Jam mgon mi pham rgya mtsho'i gsung rdzogs pa chen po sems ngo mdzub tshugs kyi gdams pa 'i gnad 'grol chos rje bla ma skal bzang gi zhal rgyun),此外頂果欽哲(Dil mgo mkhyen brtse, 1910-1991)有一口頭講釋,已譯為英文,收 The Collected Works of Dilgo khyentse,第三卷,頁672-692。

而觀照」，從而趣入澄明之覺性境界，並當下即對自心作決斷，如是即可自然現起本覺智，且淨除昏昧之黑暗。不敗尊者指出，昏昧黑暗之心識與澄明通透之本覺雖然都離言說，然而前者一無所知，無可決斷，後者為赤裸之覺分光明法身境界，故可決斷。因此，對於所謂的「平常識」、「不作意」、「離言說」，尊者特意警醒行人要對其仔細觀察，因為其中有真、妄兩個層次，差別甚大。

【釋】　「開啟無明蛋殼」，即說行者住入阿賴耶境界後，若不能令阿賴耶自然融入法性，從而生起覺空，由是直指於自性，即直指心念的自性實為覺性，則不能開啟無明蛋殼。若能直指，則能開啟無明。故此觀修境界所依為阿賴耶，而非阿賴耶識。直指自性後，行者於覺性光明中安住，是即安住於覺知而非念知，如是即可「斷定於自決」。決定心性即是覺性。

次、「斷除生死網之口訣」，安住心性時，行人易墮入落邊之修習，若墮「明」邊，則困於心識刻意造作之澄明境界，若墮「空」邊，則心識執著於頑空，二者皆為貪執二取覺受，此時當反觀明與空、執明者與執空者之心相續，如是即可遣除二取執著，從而令明空雙運之離邊本覺現前。丹貝旺旭尊者於其釋論中指出，墮「明」邊者迷失於五門識與阿賴耶識，而墮「空」邊者則迷失於阿賴耶境界，正如龍青巴《大車疏》所言，無色界有情以阿賴耶為主，故而這種失去明分（gsal cha）的執空修習往往成為往生無色界的因。

【釋】　此口訣所說即為離二取，非止於離二我。行者
　　　　開啟無明蛋殼後，雖已決定心性即是覺性，但
　　　　離二取尚未堅穩，因為尚有執着。如何無作
　　　　意、無整治而去除執着，是即口訣之所說。是
　　　　時，行者離二取而觀一切法，即由覺空覺知現
　　　　空，於是所住明空、覺空、現空三者，同時融
　　　　合而成本覺。

　　復次、「安住於如虛空之平等性之口訣」，行人若於
本覺已有所體證，則須護持其念知之相續，然而在證量堅穩
之前，往往有種種虛妄不定之覺受，不敗尊者羅列出其中一
部分典型的代表，如樂、明、無念、粗重不悅、柔和悅意、
分別雜念猛烈、不能辨別昏昧與澄明等等，此等覺受出現
時，行人或因不能自辨而誤入歧途，或因退失信心而放棄觀
修。尊者指出，此時不應煩躁，亦不可專執於這些境界，唯
應不捨念知，鬆緊適中，護持自道。復依上師之口訣辨別本
覺與無明、阿賴耶與法身、識與智，由此見地之抉擇而令心
識安住於本位，此時不可作意伺察自己所修者是智還是識，
一作伺察，必生取捨，亦不可反覆比照書本理論以作邏輯思
辨，這樣會令行人難脫名言句義，以致對止觀造成障礙。念
知之流堅穩後，則藉自性光明之止觀現證大圓滿密意。

【釋】　此口訣實為對本覺的護持，建立本覺此境界為
　　　　常，而不是建立一實體為常，是即辨別歧路與
　　　　正道。如是，行者亦須不執着樂、明、無念等
　　　　境界，若生執着，即落於此等境界而非本覺的
　　　　境界，如是始能證入如來法身之平等性，亦即

如來法身周遍、法身功德周遍的境界。依此口
訣，本覺即能堅穩。若不然，則行者可能將現
證法身境墮為阿賴耶境界。

　　上來三支口訣乃隨順行人修證之次第而鋪設，蓋因每
一重觀修皆有其正道（yang dag pa'i lam）和歧路（gol sa），
此處所遮之歧路即阿賴耶，亦即《大車疏》中所說之種種習
氣阿賴耶。不敗尊者這一篇論實可作為無畏洲《大圓滿三要
辨別》的腳注，無畏洲之密意於本論中已得到詳盡發揮，透
過本論，可知祖師對阿賴耶與法身之辨別並非是毫無根據的
理論說教，而是與實修密切配合之抉擇與決定。

（四）

　　上來通過對阿賴耶學說的起源及發展的梳理，簡要呈
現了阿賴耶之內涵的演變歷程，並在漢土學界熟知的傳統詮
釋基礎上，介紹了藏傳佛教甯瑪派對阿賴耶的不共安立，筆
者通過考察龍青巴等重要上師的相關論著，對阿賴耶與阿賴
耶識之區別、阿賴耶之定義與判別作了系統的說明，展示了
其間的脈絡、關聯與異同，並對其作出初步的解釋。最後，
通過分析阿賴耶與法身之辨別及該辨別與實修之關聯，揭示
出圍繞阿賴耶而展開的見地抉擇以及實際修持的要點。漢土
學界對藏傳佛教中的阿賴耶學說認識尚待深入，本文所作之
探索性工作，或可作為拋磚引玉之用。

# 大圓滿心性休息大車疏節譯

རྫོགས་པ་ཆེན་པོ་སེམས་ཉིད་ངལ་གསོའི་འགྲེལ་པ་ཤིང་རྟ་ཆེན་པོ།

*rDzogs pa chen po sems nyid ngal gso'i
'grel pa shing rta chen po*

龍青巴　造

楊杰　譯

**本文為龍青巴尊者辨別阿賴耶之說，讀者應加細讀。**

**無畏 按**

輪迴與涅槃皆以種子之形式依於阿賴耶，《文殊無垢智經》（*'Jam dpal ye shes dri ma med pa'i mdo*）云──

阿賴耶為一切基　輪迴涅槃清淨基

於法界真如中，將阿賴耶視為分基（dbye　gzhi）[1]，以其為無有分別之無記法（lung ma bstan）故。基於其本性，從本來無為、法爾任運之本覺角度而言，即名為「關聯真實阿賴耶」（sbyor ba don dyi kun gzhi）；基於無明，從輪迴諸法、八識聚及諸習氣皆以其為基之角度而言，則名為「種種習氣阿賴耶」（bag chags sna tshogs pa'i kun gzhi），一切善不善自性之有為法皆依之而顯現種種苦樂。換言之，隨順福德分之一切因果皆依於（阿賴耶），隨順解脫分之一切善法亦依於（阿賴耶），（解脫分）之離垢果（dri ma'i bral 'bras）依於佛性。

廣說其理──

---

1　亦譯為總體、全分，以及分別所依之總基。

　　（隨）輪迴因果之不善業、（隨福德分）之劣善業、隨解脫分之涅槃所離因（bral bya'i rgyu）、一切現證解脫之業道悉皆依於無記之阿賴耶。復次，隨順解脫分之善法皆為道諦所攝之暫生有為法，故以離因（bral rgyu）之方式依於種種習氣阿賴耶，其離果（bral 'bras）依於佛性，此如雲能障日，故為所淨（dag bya），而此所淨亦依於清淨之日。《寶性論》云——

地界依水住　　水復依於風
風依於虛空　　空不依地等
蘊界及諸根　　依煩惱與業
諸煩惱與業　　依非理作意
彼非理作意　　依心清淨性
然此心本性　　不住彼諸法[2]

　　如是，如虛空般法爾清淨之心性上，清淨佛剎及本具之功德以二種性之方式住於離基（bral ba'i gzhi）中，此離基即無始善法界（thog ma med pa'i chos khams dge ba），其為涅槃之所依。於此當知離基、離因、離果、所離四者。其中離基為（佛）性（khams）[3]或（如來）藏，離因即能淨（如來藏）上垢染之隨解脫分善道，離果為如來藏盡離諸垢且功德現前，所離為依於種種習氣阿賴耶之八識聚及習氣。若依密咒（乘），則此四者可名為淨基（sbyang gzhi）、能淨（sbyong byed）、淨果（sbyangs 'bras）、所淨（sbyang bya），名雖相異，義則同一。如是本性中，無明之自性即種種習氣阿賴耶，不淨輪迴之因、識聚，以及隨解脫分之有

---

2　依談錫永譯，《寶性論梵本新譯》，台北：全佛文化，2006年，頁207-208。

3　關於將khams（dhātu）譯為「佛性」之因由，談錫永上師於其《寶性論梵本新譯》中有明晰之解釋，參談錫永上揭書，頁24。

為善法，皆以無所依之方式長久依於種種習氣阿賴耶。

復次，就涅槃功德依於（阿賴耶）而言，則名為關聯真實阿賴耶，體性為空，自相光明，大悲周遍，如如意寶般任運成就功德，無垢無離垢，亦名為本來光明、身智無離合之密意實相（ye nas 'od gsal ba sku dang ye shes 'du 'bral med pa'i dgongs pa gnas lugs）。

從自性清淨之角度而言，雖可施設為如虛空、無相、空性、現前無為等，然其並非一無所有之斷滅空，彼能任運成就身智光明之密意，以其解脫輪迴諸法故說為空，《密嚴經》有云——

> 皎潔之月輪　　恆無垢盈滿
> 世間以時故　　分別月盈虧
> 如是阿賴耶　　恆具如來藏
> 佛說如來藏　　名為阿賴耶
> 凡愚不知此　　以諸習氣故
> 見種種苦樂　　業力雜染相
> 自性淨無垢　　功德如寶珠
> 無遷亦無變　　通達則解脫[4]

---

4　此處所引藏文為偈頌體，對應地婆訶羅漢譯之《大乘密嚴經》（大正十六・0681）中相關段落為長行：

> 諸仁者，一切眾生阿賴耶識，本來而有圓滿清淨，出過於世同於涅槃。譬如明月現眾國土，世間之人見有虧盈，而月體性未嘗增減；藏識亦爾，普現一切眾生界中，性常圓潔不增不減。無智之人妄生計著；若有於此能正了知，即得無漏轉依差別。此差別法得者甚難！如月在雲中性恆明潔，藏識亦爾，於轉識境界習氣之中而常清淨。如河中有木隨流漂轉，而木與流體相各別；藏識亦爾，諸識習氣雖常餘俱不為所雜。諸仁者，阿賴耶識恆與一切染淨之法而作所依，是諸聖人現法樂住三昧之境，人天等趣、諸佛國土悉以為因，常與諸乘而作種性，若能了悟即成佛道。

此亦可參考談錫永著《大乘密嚴經密意》（台北：全佛文化，2015，頁182-185），頌曰：

慈氏有云——

> 於法無所減　亦復無所增
> 如實見真實　見此得解脫[5]

　　至若此阿賴耶之異名，則有關聯真實阿賴耶、無始善法界、如來藏、佛性、心之自性光明、法界、實相真如義、

| | | | |
|---|---|---|---|
| 有情之藏護 | 無始妙俱生 | 如涅槃虛空 | 擇滅無為性 |
| 遠離於三世 | 清淨常圓滿 | 如月有虧盈 | 顯現諸國土 |
| 循環體是一 | 其性無增減 | 愚夫所分別 | 見月有增減 |
| 往來於四洲 | 而實無盈缺 | 如是之藏識 | 普現有情界 |
| 其體無增減 | 圓潔常光明 | 愚夫妄分別 | 恆於賴耶識 |
| 計著有增減 | 應知亦如是 | 若有於此識 | 能正而了知 |
| 即便得無漏 | 轉依位差別 | 如是差別法 | 得者甚為難 |

【疏】4、說阿賴耶識本來清淨，唯其本來清淨才可以「即便得無漏」。阿賴耶識如涅槃境界，如如來法身（虛空），以「擇滅無為」為性，是故清淨。擇滅無為是由智作簡別抉擇而滅生死，是涅槃的同義詞。阿賴耶識的清淨可以月為喻，月體常圓，只顯現為盈虧。愚人不識，便依現象說月有增減，此即如對阿賴耶識亦說染不染。能知阿賴耶識本體清淨，才能得正了知而得無漏，是即得轉迷亂位依清淨位，此位差別甚為難得，實由轉依而成。

| | | | |
|---|---|---|---|
| 如月在雲中 | 其性恆明潔 | 藏識亦如是 | 與七識俱轉 |
| 熏習以相應 | 體性而無染 | 猶如河中木 | 隨水以漂流 |
| 而木與於流 | 體相各差別 | 藏識亦如是 | 諸識習氣俱 |
| 而恆性清淨 | 不為其所染 | | |

【疏】5、月在雲中實依然清淨光明，阿賴耶識雖與七識俱轉而受熏習，其體性仍然無染。憑甚麼這樣說？河中流木看來是木隨水流，然而流水與木體性不同，是故流水不能令木的本體受染。阿賴耶識如木，諸識習氣如流水，所以阿賴耶識並未受染。

| | | | |
|---|---|---|---|
| 清淨與雜染 | 皆依阿賴耶 | 聖者現法樂 | 等引之境界 |
| 人天等諸趣 | 一切佛剎土 | 如是染淨法 | 如來藏為因 |
| 由彼悟成佛 | 為諸乘種姓 | | |

【疏】6、說阿賴耶識有清淨與雜染，便即同如來藏。說如來藏緣生人天佛剎一切染淨法，即是說如來法身上有種種時空的識境隨緣自顯現。為甚麼說這是聖者的法樂、等引境界呢？法樂是由智境現起識境，等引是智境與識境平等，智境能與識境雙運，便可以說為法樂，是亦即樂空雙運。倘如將樂、空兩份分開來說，樂便是染法，空即是淨法。由是而知，只住智境，或只住識境，都不是聖者的境界。所以如來證智要同時證後得，由後得智來緣識境，這便是智境與識境雙運。於此證悟，即證悟三乘以如來藏為佛種姓。

<hr />

5　此段引文系《寶性論》第154頌，依談錫永譯。

自性清淨之真如、般若波羅蜜多等。若從所依基、源頭、離因等角度而言，則有不可思議之（眾多）施設。

復次，若從心性上之輪迴習氣角度而言，即名為種種習氣阿賴耶，何以故？此因善、不善、解脫、涅槃之業本來即無自性，而（種種習氣阿賴耶）可作為此等暫生（諸業）積聚之所依。善不善（業）二者皆依於彼，以其體性為癡（gti mug），故為無記法。有人認為（種種習氣阿賴耶）並非癡，以其既可作為五毒之所依，亦可作為涅槃之所依故。然此僅為不智之語，何以故？此癡並非五毒中之癡，而是依最初迷亂為輪迴時之俱生無明所施設之癡。至於「能作為涅槃之所依」亦須觀察，佛智與如來藏為本淨，淨除一切客塵，且具二種清淨，而（種種習氣阿賴耶）不能作為其所依，以阿賴耶仍須轉依（gnas gyur）故，《金光明最勝王經》(gSer 'od dam pa) 云——

　　阿賴耶轉依為自性法身

《四大窮盡續》('Byung bzhi zad pa'i rgyud) 云——
　　阿賴耶淨成法界

（種種習氣阿賴耶）並非佛性之所依，此因作為離因之垢染與其關係為能依所依。是故，依福智二資糧而得涅槃，（種種習氣阿賴耶）僅可作為此有為修道之所依。二資糧皆為道諦所攝，故將其安立為欺惑與無常，以其亦依於種種習氣阿賴耶故。

或問：若以此方式依於（種種習氣阿賴耶），則又如何能害之？

答言：依於燈芯之燈焰與依於柴薪之火皆自焚，同此，憑藉依於阿賴耶之二資糧道而令輪迴習氣自淨，淨除佛性之垢障後，即能令如初安住之菩提現量現前，故（二資糧道）名為清淨緣，最後，能淨之對治（道）亦被焚毀，以其為心識施設之遍計善法故。《寶性論釋》(rGyud bla ma'i 'grel pa) 云 ——

自現證菩提之剎那起，即遣除一切道諦故。

《入中論》(dBu ma la 'jug pa) 云 ——

盡焚所知如乾薪　　諸佛法身最寂滅

此等經典皆對此有開示。

或問：若如是，阿賴耶上又如何能有無捨空性（dor ba med pa stong pa nyid）以及三十七道法（chos sum cu rtsa bdun）？

答言：其上有佛地所攝之無捨（空性）與三十七道法，而無道（諦）所攝之法，以其為究竟道位故。此阿賴耶之異名有：俱生無明、種種習氣阿賴耶、無始無終之垢障、大黑暗、本住無明等。復次，如虛空之無始心性界中，以其為解脫之所依，故名為關聯真實（阿賴耶），以其為輪迴所依，故名為種種習氣（阿賴耶），遂生起輪迴涅槃所現之不同苦樂、功德與過失。茲引《寶性論釋》所言 ——

無始時來界　　一切法等依
由此有諸趣　　及涅槃證得

於此當說阿賴耶與八識聚之差別：種種習氣阿賴耶為

無記法，如同明鏡，阿賴耶識如同鏡子之明清分，五門之識如同鏡影般現起，依昔日之經歷而觀察外境，或於五門之顯現境首先生起「即此」（之念頭）者，即為意識，其後於外境相應產生貪、瞋、中性三種心者，即名為末那識。

後記

# 後 記

談錫永

本書說禪修，實貫通顯密二乘，故寫此後記，便依密乘的修習次第，用《圓覺經》的三種修證來說明禪修。以便顯乘行人參考。

欲於禪修中得現起本覺，必須依忿怒尊觀修，因為修忿怒尊是為了現證本性。凡夫本然即有貪瞋癡，是故忿怒尊亦建立為貪瞋癡性，此等性實為覺性所顯現，因此亦為本性。行者修心，即依觀修忿怒尊本性而修，由是覺知自己的心性即是忿怒尊的本性，因為都是在如來法身上的隨緣自顯現，心性如幻，本性亦如幻顯現。

這即是說，眾生都有「無始幻無明」，是即無始以來眾生即以無明為緣的幻心為心，《圓覺經》即由修奢摩他（寂止），而令學人覺知幻相可滅，但覺心則不滅，如是學人即能依覺心不滅而入本然明空境界。在依儀軌觀修時，這便是作前行修心時的寂止，以及生起本尊的寂止。於觀修時，念念變異生起（如觀修本尊身後，念頭變異而觀其手印等），行者當以靈動的「念知」觀察，隨順念頭的變異而知其生滅。安住此境即成寂止。

於時，行者能因其如幻，即能抉擇儀軌中本尊境界的事相如幻，故無名言句義可依，亦無五識領受可取。於是念知即成靈動，依念頭的變異而知，是即念念分明。行者安住此靈動境，念知即可本然成為覺知。因為是以靈動的「知」來觀察變異的心性，即可有光明生起。是時，行人已由住入明空境而生起覺空。若有妄念生起，亦不作意消除，只須覺

知妄念，妄念自能解脫，此即於一境中取靜為行，由是一切妄念澄息。這時行者便會覺得心識煩動之苦，覺知此時，即生起靜慧。

接下來修「三摩缽提」（等至）。這是由上來所起的覺性，觀察外、內、密三種心性。外，即是世間一切顯現與思維，此即為「塵」；內，即是身中的六根，此即為「根」；密，即是自身之心性，由靜覺心，知心、塵、根三者皆由幻化。如是，即能建立：外為顯現虛妄相，內為覺受虛妄相，密為了知虛幻的覺知。這時，便是由覺空境界，生起外境顯現，內識分別來觀察，是即引入現空的世俗來觀察。行者於此際，已由寂止進入勝觀，如是由明空生起覺空，覺空引入現空的等至境，勝義與世俗平等而至。

依忿怒尊儀軌觀修，此時便是觀修智慧尊，及依智慧尊的光明來作種種事業。

接着，行者當由「禪那」（等持）決定本覺。於等至中，不取幻化相，亦不取清淨相，安住此境界中，自應不落於覺知的「知」，亦不是無所覺而「覺」；不落寂止的靜相而覺，亦不落幻化的動相而覺；更不應分別自然生起的覺知，是入定的覺知，還是未得入定的覺知。宋代禪宗最重「身心脫落」，如是始為真正的身心脫落相。若着意於脫落而求脫落，那便可能墮入日本禪宗的分別相，由此分別，他們否定了《楞嚴經》和《圓覺經》，又影響到我國近代一些學者，那便有如釋迦所說：佛法滅盡，由《楞嚴》先滅。

依忿怒尊儀軌而修，即是等持。

如是引《圓覺經》來明禪修，對學人應有幫助，若明其理，當可依此三種修證來讀餘經。圓滿

# 釋者簡介

## 談錫永

廣東南海人，1935 年生。童年隨長輩習東密，十二歲入道家西派之門，旋即對佛典產生濃厚興趣，至二十八歲時學習藏傳密宗，於三十八歲時，得甯瑪派金剛阿闍黎位。1986 年由香港移居夏威夷，1993 年移居加拿大。

早期佛學著述，收錄於張曼濤編《現代佛教學術叢刊》，通俗佛學著述結集為《談錫永作品集》。主編《佛家經論導讀叢書》，並負責《金剛經》、《四法寶鬘》、《楞伽經》及《密續部總建立廣釋》之導讀。其後又主編《甯瑪派叢書》及《大中觀系列》。

所譯經論，有《入楞伽經》、《四法寶鬘》（龍青巴著）、《密續部總建立廣釋》（克主傑著）、《大圓滿心性休息》及《大圓滿心性休息三住三善導引菩提妙道》（龍青巴著）、《寶性論》（彌勒著，無著釋）、《辨法法性論》（彌勒造、世親釋）、《六中有自解脫導引》（事業洲巖傳）、《決定寶燈》（不敗尊者造）、《吉祥金剛薩埵意成就》（伏藏主洲巖傳）等，且據敦珠法王傳授註疏《大圓滿禪定休息》，著作等身。其所說之如來藏思想，為前人所未明說，故受國際學者重視。

近年發起組織「北美漢藏佛學研究協會」，得二十餘位國際知名佛學家加入。2007 年與「中國人民大學國學院」及「中國藏學研究中心」合辦「漢藏佛學研究中心」主講佛學課程，並應浙江大學、中山大學、南京大學之請，講如來藏思想。

# 譯者簡介

## 馮偉強

出生於香港，原籍廣東鶴山。美國紐約哥倫比亞大學（Columbia University）文學士、加拿大麥基爾大學（McGill University）醫學博士。現為加拿大皇家內外科醫學院院士，於多倫多任職內科專科醫生。隨談錫永上師修學甯瑪派教法多年，並參與「北美漢藏佛學研究會」的研究工作，專注梵文佛典的對勘。近年致力向西方社會推廣西藏密宗靜坐。

## 楊杰

四川崇州人，中國人民大學國學院專門史博士。自2008年起，依隨談錫永上師學習佛家經論、修持與佛典翻譯。現為中國人民大學國學院漢藏佛學研究中心講師，主要從事藏文、藏傳佛教哲學、漢藏佛學比較研究等方面的教學與研究工作，並致力於藏文顯密佛典的翻譯。

# 離·言·叢·書·系·列

## 《解深密經密意》　談錫永/著　定價390元

密義的意思就是語言之外所含之意，沒有明白地講出來，
他雖然用語言來表達，但讀者卻須理解言外之意。
本經既稱為「解深密」，也就是說，根據本經之所說，就
能得到佛言說以外的密意。

## 《無邊莊嚴會密意》　談錫永/著　定價190元

《大寶積經·無邊莊嚴會》是說陀羅尼門的經典，可
以將其視為釋迦演密法，故亦可以視其為密續。
全經主要是說三陀羅尼門——無上陀羅尼、出離陀羅
尼、清淨陀羅尼，依次攝境、行、果三者。

## 《如來藏經密意》　談錫永/著　定價300元

《如來藏經》說眾生皆有如來藏，常住不變，然後用九
種喻說如來藏為煩惱所纏，是故眾生不自知有如來藏。
這是如來藏的根本思想。由此可將一切眾生心性的清淨
分說為如來藏，雜染分說為阿賴耶識。

## 《勝鬘師子吼經密意》　談錫永/著　定價340元

本經對如來藏的演述，是由真實功德來建立如來藏，因
此便很適應觀修行人的觀修次第。
欲入一乘，欲觀修如來藏，須先由認識如來真實功德入
手，這是觀修的關鍵。勝鬘說三種人可以領受如來藏，
便即是依其是否能領受如來真實功德而說。

## 《文殊師利二經密意》　談錫永/著　定價420元

文殊師利菩薩不二法門有眾多經典，現在先選出兩本詮
釋其密意。所選兩經為《文殊師利說般若會》及《文殊
師利說不思議佛境界經》。選這兩本經的原故，是由於
兩經所說彼此可以融匯。

## 《龍樹二論密意》　談錫永/著　定價260元

本書特選出龍樹論師《六正理聚》中《六十如理論》及
《七十空性論》兩篇，加以疏釋，用以表達龍樹說「緣
起」、說「性空」、說「真實義」、說「法智」，以至
說「無生」的密意。

## 《菩提心釋密意》　龍樹論師/造・邵頌雄/譯・談錫永/疏
定價230元

本論專說菩提心，立論點即在於如何次第現證勝義菩提
心以及建立世俗菩提心。於前者，及涉及觀修次第，而
不僅是對勝義作理論或概念的增上。

## 《大乘密嚴經密意》　談錫永/著　定價360元

《大乘密嚴經》的主旨其實很簡單：阿賴耶識即是密嚴
剎土。所謂密嚴剎土，即是如來法身上有識境隨緣自顯
現，將法身與識境連同來說，便可以說為密嚴剎土。這
時，自顯現的識境便是法身上的種種莊嚴。

## 《龍樹讚歌集密意》　談錫永/主編・邵頌雄/著譯
定價490元

本書說龍樹讚歌，亦總說龍樹教法之密義。龍樹的「讚
歌集」，於印藏兩地的中觀宗都深受重視，並視之為了
義言教，唯此等讚歌，大都從未傳入漢土。本書將其中
八種，譯為漢文，並據此演揚龍樹教法密義。

## 《大圓滿直指教授密意》　談錫永/譯疏　定價300元

本書收入蓮花生大士《大圓滿直指教授》說及觀修的密
意，為此叢書補充唯說見地的不足，亦收入談錫永上師
《心經頌釋》，補足蓮師一篇所未說的前行法，兩篇由
談上師闡其密義。

離言叢書13

# 《藏密甯瑪派禪修密意》

主編、釋　談錫永
譯　　者　馮偉強、楊杰
美術編輯　李　琨
封面攝影　廖春長
封面設計　張育甄
出　　版　全佛文化事業有限公司
　　　　　訂購專線：(02)2913-2199
　　　　　傳真專線：(02)2913-3693
　　　　　發行專線：(02)2219-0898
　　　　　匯款帳號：3199717004240 合作金庫銀行大坪林分行
　　　　　戶　　名：全佛文化事業有限公司
　　　　　E-mail：buddhall@ms7.hinet.net
　　　　　http://www.buddhall.com
門　　市　新北市新店區民權路108-3號10樓
　　　　　門市專線：(02)2219-8189
行銷代理　紅螞蟻圖書有限公司
　　　　　台北市內湖區舊宗路二段121巷19號（紅螞蟻資訊大樓）
　　　　　電話：(02)2795-3656
　　　　　傳真：(02)2795-4100

初　　版　2021年03月
定　　價　新台幣240元

國家圖書館出版品預行編目資料

藏密甯瑪派禪修密意 / 談錫永主編.釋；
馮偉強，楊杰譯. -- 初版. --
臺北市：全佛文化, 2021.02
面；　公分. -- (離言叢書；13)

　ISBN 978-986-98930-8-4(平裝)

1.藏傳佛教　2.佛教修持
226.96615　　　　　110000337

BuddhAll

All is Buddha.

BuddhAll.

BuddhAll